böhlau

ROSA REUTHNER

Platons Schwestern

LEBENSWELTEN ANTIKER GRIECHINNEN

2013
BÖHLAU VERLAG KÖLN WEIMAR WIEN

Bibliografische Information der Deutschen Nationalbibliothek:
Die Deutsche Nationalbibliothek verzeichnet diese Publikation in der Deutschen Nationalbibliografie; detaillierte bibliografische Daten sind im Internet über http://dnb.d-nb.de abrufbar.

Umschlagabbildung:
Frauen am Brunnen, aus: Conolly / Dodge, Die antike Stadt, 1998, S. 16

Ursulaplatz 1, D-50668 Köln, www.boehlau-verlag.com

Umschlaggestaltung: Susanne Keuschnig
Lektorat: Carmen Asshoff
Herstellung und Satz: Carolin Noack
Druck und Bindung: BALTO Print
Gedruckt auf chlor- und säurefreiem Papier
Printed in the Lithuania

ISBN 978-3-412-21116-5

Inhalt

Einleitung

Frauen, die Hälfte des vollkommenen Glücks

Die *Hälfte des vollkommenen Glücks* sind die Frauen, sagte einst der griechische Philosoph Platon. Von dieser Hälfte, seinen Zeitgenossinnen, sind heute nur noch wenige bekannt. Wenige, die berühmte Namen tragen: Sappho, die Dichterin, Neaira, die von den Männern Athens begehrte Hetäre, Medea, die Mörderin ihrer Kinder, Arsinoë, die hellenistische Herrscherin. Gewiss wird Platon aber nicht nur sie gemeint haben. Doch auch jene unzähligen Frauen, deren Namen nicht überliefert sind, waren in ihrer Zeit weder namen- noch wirkungslos. Ihre Wirkungsbereiche waren höchst vielfältig und facettenreich. Sie bevölkern als Spinnerinnen und Weberinnen die Vasenmalerei, treten in Komödien als Marktfrauen auf, man findet sie bei der Getreide- und Weinernte, sieht sie auf Vasenbildern auf Obstbäume klettern und die Früchte abpflücken. Es ist eine Welt ohne Supermarkt und Tiefkühltruhe, in der sie die Lebensmittelvorräte einteilen und haltbar machen, die Nahrung zubereiten. Sie verfügen über mündlich überliefertes Heilwissen, das in einer Welt ohne entwickelten Ärztestand überlebenswichtig ist, pflegen Kranke, beraten andere Frauen, wie sie schwanger werden oder es nicht werden, und stehen ihnen bei Schwangerschaft und Geburt zur Seite.

Dieses Bild einer Atmosphäre der Kreativität und des Ideenreichtums, der Vielfalt des Wissens und des Stolzes auf das Geleistete verträgt sich nur wenig mit dem oft gemalten einer stark männerdominierten griechischen Gesellschaft. Ohne dieses Leben allzu idyllisch malen zu wollen – es war sicher in dieser vorindustriellen Gesellschaft mit viel Mühe verbunden – war es mit gemeinschaftlichem Arbeiten, dem Singen des Webstuhls, dem Füllen von Vorratsgefäßen, mit heilenden Pflanzen und der Ernte auf den Feldern an heißen Sommertagen verbunden.

Arbeit oder Lob der Musse?

Wer sich diesen nur scheinbar Namenlosen aus solcher Perspektive nähert, kommt nicht umhin, nach dem Stellenwert von »Arbeit« im antiken Wertekanon zu fragen. War denn Arbeit im antiken Griechenland nicht verachtet? Haben denn dort nicht nur Sklavinnen und Sklaven gearbeitet und die Philosophen das Loblied der Muße gesungen, so hätte man vielleicht vor zwei, drei Jahrzehnten noch gefragt. Und tatsächlich kennt die griechische Sprache unseren Sammelbegriff »Arbeit« nicht. Sie bringt jedoch – für Frauen wie Männer gleichermaßen – deren unterschiedliche Facetten in mehreren Begriffen zum Ausdruck. Der Terminus *Poiein* meint kreatives Schaffen, *Ponos* dagegen drückt das Sich-Abmühen aus, bedeutet Arbeit als Plage. Die Termini *Episteme* und *Mathemata* betonen das intellektuelle Erfassen, und der Begriff *Techne* rückt die künstlerische, handwerklich-technische Qualifikation in den Vordergrund, erworben durch langjähriges Training.[1] In dieser breit gefächerten Wortwahl lässt sich erahnen, dass Arbeit keineswegs per se verachtet war, sondern in ihrer Breite die menschliche Existenz erfasste. Sie kennzeichnet trotz des Lobs der Muße durch die Philosophen der klassischen Zeit die menschliche Sphäre, ist selbstverständlicher Teil der Existenzsicherung. Ein weiteres heute ganz aus dem Gesichtskreis verschwundenes Merkmal dieses Arbeitsverständnisses kommt hinzu: die Praxis, profane Arbeit in den Bereich des Heiligen, in die Sphäre von Opfer und Ritual zu transformieren. Göttinnen und Götter werden als Arbeitende gedacht. Unter den Göttinnen ist Athene neben den Chariten, den Göttinnen der Anmut, und den Nymphen, die ebenfalls die zartesten Gewebe herstellen, die unübertroffene Weberin und Lehrerin der Webkunst par excellence.

Die Philosophen, die Arbeitsteilung und die »Natur der Geschlechter«

All dies charakterisiert zwar Arbeit von Frauen wie von Männern, sie findet jedoch idealerweise in einer nach Frauen- und Männeraufgaben separierten Gesellschaft statt. Wo die Grenze zwischen den Aufgaben der Frauen und denen der Männer in der Zeit um 700 bis 300 v. Chr. verläuft, warum und ob geschlechtliche Arbeitsteilung überhaupt existieren sollte, mit diesen Fragen haben sich Philosophen in klassischer Zeit ausführlich beschäftigt, Platon ebenso wie Xenophon und wenig später auch Aristoteles. Ausgangssituation ist eine Aufgabenteilung, wie sie schon die homerischen Epen schildern: Das Erwerben lebensnotwendiger Güter wie kriegerische

Auseinandersetzungen sind Sache der Männer, in dem ihnen angemessenen Raum: in einem imaginären Draußen. Bewahren des ins Haus Gebrachten dagegen obliegt den Frauen. Ihr Raum ist idealerweise das Innere des Hauses. Im Erörtern des Für und Wider haben sich vor allem der Historiker Xenophon und der Philosoph Platon hervorgetan, mit völlig gegensätzlichen Ergebnissen.

Eine unterschiedliche »Natur der Geschlechter«, die ja bis heute für manche Sonderbarkeit bemüht wird, prädestiniert nach Xenophons Vorstellung Frauen wie Männer für ihre jeweiligen Aufgaben. Einer klugen wie pragmatischen Gottheit unterstellt er die Absicht, beide Geschlechter mit jeweils unterschiedlicher Physis und Psyche ausgestattet zu haben.

> *Denn Kälte und Hitze, Märsche und Feldzüge besser aushalten zu können, hat er* [ein Gott] *Leib und Seele des Mannes eingerichtet; deshalb übertrug er ihm die Arbeiten außerhalb des Hauses; der Frau aber hat der Gott anscheinend einen dazu weniger fähigen Körper geschaffen und ihr daher … die Arbeiten im Innern des Hauses zugewiesen … Da der Gott der Frau das Bewachen des ins Haus Eingebrachten zuwies und dabei wußte, dass es nicht schlecht ist, zum Bewachen eine ängstliche Seele zu haben, maß er ihr auch einen größeren Anteil an Ängstlichkeit zu als dem Mann.*[2]

Wenn sich dies auch in heutigen Ohren befremdend anhören mag, auffällig ist, dass die Aufgaben nicht in eine Wertescala eingefügt oder einer Rangfolge zugeordnet sind. Die Differenz hat stattdessen die Bindung des Paares zur Folge, das sich die Aufgaben teilt.

> *Da beider Natur nicht für alles gleich gut geschaffen ist, brauchen sie einander mehr, und die Verbindung ist nützlicher für sie. Was dem einen abgeht, das kann der andere.*[3]

Xenophon legt dies in seiner Schrift über die sachgemäße Führung eines großen Haushalts, dem »Oikonomikos«, nicht zufällig dar. Das griechische Haus, der *Oikos*, der der heutigen Ökonomie ihren Namen gab, ist die Basis des materiellen und sozialen Lebens. Und von diesem Zentrum aus nähert er sich der Beantwortung seiner Fragen. Hier situiert er die *Werkstatt* der Frauen, wie es der französische

Historiker Pierre Brulé formulierte, das praktische Zentrum ihrer Verantwortung, ihres Könnens und ihrer intellektuellen Zuwendung. Hier leisten sie ihren Hauptbeitrag, der auf der antiken Werteskala weit oben angesiedelt war.

Die Gottheit hat, weil *beide geben und empfangen müssen*, den beiden Geschlechtern neben sich unterscheidenden Fähigkeiten auch gleiche verliehen. Dabei handelt es sich um *Gedächtnis (mneme) und Sorgfalt (epimeleia), zu gleichen Teilen ..., so dass man nicht unterscheiden kann, welches Geschlecht, das weibliche oder das männliche, mehr davon besitzt.*[4] Hinzu kommt die Fähigkeit, *Selbstbeherrschung (enkrateis) zu üben*, eine Eigenschaft, die im antiken Persönlichkeitsbild von großer Bedeutung war.[5] Durch die Parität in der Ausstattung bleibt das Verhältnis beider variabel. Beide Partner tragen zum Haus, das ihnen gemeinsam ist *(oikos ... koinos)*,[6] bei. Und wer von *beiden der tüchtigere Partner ist, steuert das Wertvollere bei*,[7] wer wem überlegen ist, bestimmt so nicht die Natur.[8] Die Frau wird die Tüchtigere vor allem dann sein, wenn sie sich als versierte ›Managerin der Ressourcen‹ des Hauses erweist. Aristoteles wird später Ähnliches feststellen. Für ihn ist es jedoch keine Gottheit, die Unterschiede kreiert, sondern die Vielfalt gesellschaftlicher Aufgaben, die eine Form der Arbeitsteilung notwendig macht. Die Gesellschaft lässt sich für ihn allerdings nicht ohne hierarchische Ordnung denken. In ihr dominiert das Politische das Häusliche, und selbst das Wohl eines Hauses wird letztlich vermittels der Herrschaft des Mannes über die Frau gesichert.[9]

Platon dagegen bestreitet eine natur- oder gottgegebene Verschiedenartigkeit der Geschlechter. Die traditionelle Aufgabenteilung ist für ihn, unserem heutigen Denken weit näher, Konvention. Dieser Status quo, von dem ausgehend er seinen Idealstaat entwirft, erscheint ihm veränderungsbedürftig. Insbesondere zweifelt er an, dass es eine nur dem Mann eigene Fähigkeit gebe, die Angelegenheiten der Polis zu verwalten, oder eine nur der Frau eigene, das Gleiche für das Innere des Hauses zu tun. Frauen könnten politisch und militärisch alles leisten, was auch Männer können, und sie seien daher in allen Bereichen wie diese einzusetzen. In der älteren Forschung wurde ihm daher das Prädikat eines »Feministen« verliehen.[10]

Seine Ideen, die losgelöst aus dem historischen Kontext weitsichtig erscheinen und zu beeindrucken vermögen, haben jedoch in ihrer Zeitgebundenheit gewisse Tücken. Nur bei flüchtiger Betrachtung kann es scheinen, als wolle er die Frauen seiner Zeit von einer Bürde befreien. Die Form der Umverteilung, die er vorschlägt, ist nämlich eine höchst einseitige. Eine kleine Anzahl Frauen möchte er von ihren Zuständigkeiten für das Haus befreit sehen, nur, damit sie als Wächterinnen seines Idealstaats neue Aufgaben, nämlich die Verteidigung, gemeinsam mit Männern übernehmen. Ihm geht es also nicht etwa darum, auch Männer in die lebensnotwendigen Aufgaben innerhalb der Häuser einzubinden, sondern die Fähigkeiten einer auserwählten Anzahl von Frauen einem traditionell männlichen Bereich zuzuführen. Ein Vergleich von weiblichen und männlichen Wachhunden einer Schafherde zeigt seine erstaunliche Geringschätzung: Die *weiblichen Schäferhunde,* sprich die Frauen, hüteten *drinnen das Haus […] – untüchtig wegen des Gebärens und Ernährens der Jungen.* Die männlichen dagegen hätten daher draußen *die Sorge um die Herde allein.*[11] Den traditionell weiblichen Teil an der Lebenssicherung wertet er dadurch als Verschwendung von Ressourcen. Das könnte seinen Worten von der *Hälfte des vollkommenen Glücks* eine ganz andere Färbung verleihen. Aristoteles hat ihm später auch Blindheit für materielle Notwendigkeiten vorgeworfen. Sein Vergleich von Menschen mit Tieren sei unsinnig, argumentiert er. Denn, so sein Einwand, *Tiere haben keine Hausverwaltung.*[12]

Letztlich sind Platons Entwürfe in der Antike nicht wieder aufgegriffen worden. Inwieweit sich Frauen in dieser Zeit überhaupt an solchen Debatten beteiligt haben, ist leider nicht bekannt. Dass sie eine andere Ordnung anstrebten, ist weitgehend Spekulation geblieben. Stattdessen weist vieles darauf hin, dass die Domänen der Frauen geachtete und geschätzte waren und dass Frauen diese Sicht teilten. Gerade die klassische Zeit zeigt ein verstärktes Interesse an den Aufgaben der Frauen in diesem Verantwortungsbereich, dokumentiert in Ikonografie, Plastik und Grabmonumenten.[13] So stellt es sich später auch in mit Frauennamen gezeichneten Briefen und Traktaten zwischen 300 und 200 v. Chr. dar, aus der Zeit des Hellenismus also, aus der erstmals schriftlich fixierte Äußerungen von Frauen zu diesen Fragen vorhanden sind. Für die Philosophinnen aus den pythagoreischen Zirkeln Süditaliens und Griechenlands, Theano, Myia, Melissa, Phintys, Periktione und andere, bildete – neben ihren Studien –

die Verantwortung für das Innere des Hauses die Voraussetzung für die Harmonie von Kosmos und Welt. Sie waren Teil ihrer Entwürfe für ein tugendhaftes Leben.[14]

Frauen in ihren unterschiedlichen Arbeitsbereichen. Eine kleine, kunstvoll bemalte Dose zum Aufbewahren von Kosmetika erlaubt einen Blick in eine den antiken griechischen Frauen zugedachte Lebens- und Arbeitswelt

Wer webte die Gewänder der Mänaden? I.

DIE KUNST DER GRIECHISCHEN ANTIKE, verbinden sich mit ihr nicht vor allem die beeindruckende Architektur, Skulpturen, die Vasenmalerei? Dem ebenbürtig sind sicher die hoch artifiziellen textilen Kunstwerke der griechischen Frauen, die auf vielen Vasen abgebildet sind und die zahlreiche Skulpturen in bewundernswerter Detailtreue zeigen. Diese Werke der Frauen, *Erga gynaikon,* wie sie genannt werden, sind Zeugnisse einer *Kunstbethätigung der Völker,* wie es der Architekt Gottfried Semper auf seiner Suche nach den Ursprüngen ästhetisch-kultureller Entwicklung bezeichnet hat. Vasenbilder und Skulpturen sind Zeichen der Wertschätzung textiler Schönheit, der weiblichen Kreativität und deren technischer Perfektion.[15] Selbst wenn die Textilkunst nicht jene *Urkunst* darstellt, die Semper noch Mitte des 19. Jahrhunderts in ihr vermutete, so mag sie uns auch heute noch tief beeindrucken. Sicher wäre es unrealistisch anzunehmen, alle Vasenbilder entsprächen exakt einmal existierenden Textilien und ihren Mustern. Was wir aber nach längerem Streit über die Beweiskraft der Abbildungen für die Existenz realer Gewebe sehr wohl unterstellen können, ist, dass die Bilder nicht der Phantasie der Vasenmaler oder Bildhauer entsprangen, sondern diese ihre Anregungen aus ihrem tagtäglichen Umfeld bezogen. Bestätigung für diese Annahme findet sich zur Genüge in erhaltenen Geweberesten wie in Inschriften und literarischen Darstellungen.

Gewebe in der Vasenmalerei, auf Reliefs und an Statuen

Antike Vasenbilder, Reliefs und Statuen, ausgewertet bisher vor allem auf ihre Bildaussagen hin, stellen in einer Vielfalt Gewebe in reichster Verzierung, mit floralen, geometrischen und Tiermustern dar.[16] Insbesondere in archaischer Zeit bilden Vasen Gewänder ab, die überreich und geradezu buntscheckig verziert sind, mit Spiralen, Rauten, Herzen und Schuppen, mit Streumustern aus Punkten, Rosetten und Sternen. Noch ältere Vasen zeigen Abbildungen von schachbrettartig gemusterten Tüchern, die bei Begräbnissen über Tote gebreitet wurden, andere sind mit dichten Schrägstrichgittern versehen. In einem Heiligtum der Artemis in Sparta gefundene weibliche Weihobjekte mit Webereimotiven dokumentieren ebenfalls die damalige Vorliebe für geometrische Muster, für Karos, Rauten und Zickzacklinien. Solche Muster haben sicher nicht zu Unrecht schon in der Antike zu der Annahme geführt, die Friese der Webmuster hätten als Vorbilder für die geometrische Vasenmalerei gedient.

Nachzeichnung des Musterbandes von einer Oinochoe, um 900 v. Chr.

Ungewöhnlich abwechslungsreiche, ornamentale oder figürliche Muster von Frauenröcken: Schachbrettmuster, Gittermuster, Muster mit Sternen, eingewebte Blüten wie Veilchen, Krokusse, Hyazinthen, Rosen, Anis und Dill tragen junge Mädchen, die bei Reigentänzen abgebildet wurden. Hochzeitszüge waren ebenso ein beliebtes Motiv, bei denen Kleidung eine besondere Rolle spielte. In einem Detail der berühmten François-Vase ist das Gewand einer Frau vollkommen mit Musterfriesen aus Reitern und Wagen bedeckt.

Auf einer schwarzfigurigen Schale des Sophilos nehmen mehrere weibliche Göttinnen an einem Prozessionszug teil. Die Muster ihrer Gewänder auf hellem Grund sind in über zehn Borten eingeteilt, mit unterschiedlichen Tierfiguren und mythischen Wesen, floralen und geometrischen Figuren, die jeweils unten und oben von Musterbändern gerahmt werden. Eine der berühmten Mädchenstatuen, die »Euthydikos Kore«, trägt einen Umhang mit raffiniertem Spiel der Gewandfalten, in den in roter und schwarzer Farbe Wagenrennen und Reiter in den hellen Grund eingewebt sind. Feine Wellenfalten und Kräuselungen, Mäanderbänder, Spiralen, Sterne und Kreise verzieren die Gewänder weiterer solcher Frauenfiguren.

Göttinnen bei der Hochzeit der Thetis mit Peleus

Festliche Kleider zweier Mänaden oder »Bakchen«, wie jene Frauen genannt wurden, die im Dienste der Polis die Riten zu Ehren des Weingottes Dionysos zelebrierten, auf einer schwarzfigurigen Vase des Amasis-Malers scheinen mit Spiralen, Rauten, Punkten und Herzen geradezu übersät zu sein. Es spielt dabei kaum eine Rolle, ob die Vasen oder Reliefs in Athen, Korinth, auf den Inseln oder im Süden Italiens gefunden werden. Drei als Grazien gedeutete weibliche Figuren auf einem Relief aus Samos etwa sind in gegürtete Chitone mit einer zarten, fast plisseehaften Fältelung gekleidet, ein roter Schal liegt über der Schulter. Breite ornamentale Borten, gepunktete Linien, Ranken, Palmetten und Blumenmuster, Lotosbänder, Kreise und Dreiecke schmücken auch die Gewänder frühklassischer *Peplos*-Figuren. Irgendwann könnte man sich durch die antike Fülle der Muster und Farben geradezu überfordert fühlen.

Zwei Mänaden mit Hasenopfer für Dionysos

Einfacher in der Ausführung sind die Gewänder zweier Mädchen auf einem Relief aus einem Heiligtum der Hera in Unteritalien. Die Umhänge, *Himatia,* fallen dennoch weich und faltenreich über fein gefältelte *Chitone.* An einer der Figuren ist der Verschluss an der Schulter zu sehen, der wie das Zusammenfügen dreier Faltenbündel wirkt. Ob sie wirklich fliehen, wie vielfach angenommen, scheint nicht ganz so eindeutig zu sein. Sie könnten sich auch in energischem Schritt auf etwas zu bewegen.

Zwei fliehende Mädchen

Textile Weihgaben, in die Inschriften eingewebt waren, bezeugen vor allem deren Farbigkeit ebenso wie literarische Texte: Gewebe aus Wolle, in geringerem Ausmaß Leinen, wiesen alle Farben des Regenbogens auf. Die Farbbezeichnungen reichen von strahlendem Purpur, rosenfarbenen und anderen Rottönen, über unterschiedliche Grüntöne, oft Smaragdgrün, zu hellem bis dunklem Blau, einem Blau-Grau, schimmerndem Grau der Oliven, einem leuchtenden Gelb und einem Weiß wie Milch.

Die strahlende Buntheit der Bekleidung antiker Statuen, die in der Zeit Winckelmanns schier als unvorstellbar galt, da die Farben meist verblichen oder ganz verschwunden waren, untersucht seit mehr als 20 Jahren ein internationales Forscherteam mithilfe naturwissenschaftlicher Techniken. In verbliebenen Farbspuren fand man variationsreiche Ornamente und Farben von Gewändern, wie sie in den schriftlichen Quellen geschildert werden. Die Rekonstruktion ausgewählter Objekte, die in mehreren Ausstellungen gezeigten »Bunten Götter«, strafen dadurch das lange Zeit vorherrschende Bild von der marmorweißen Zurückhaltung der Antike Lügen und irritieren gleichzeitig in ihrer grellen Buntheit.[17]

Mänaden in festlichen Gewändern mit Satyr

In klassischer Zeit sind es vor allem Mänadenbilder, die die Betrachter bezaubern, die Leichtigkeit ihrer zarten, weit schwingenden, fein gefältelten Gewänder. In diesem Motiv finden Vasenmalerei und Dichtung in der Aussage über die Ästhetik der Gewebe und die große Bedeutung der Herstellerinnen zusammen. Denn all die überwältigende Fülle an Bildmaterial der bewundernswerten *Chitone, Peploi, Himatien* und deren unendliche Farbenvielfalt sagen ja noch nichts darüber aus, wer sie gewebt hat. Es bleibt die Frage bestehen: Waren es tatsächlich Frauen, die diese Gewebe herstellten? Genau dies wurde nicht selten angezweifelt. Vor allem in der älteren wirtschaftshistorischen Forschung hat man den Griechinnen gerade einmal die Fähigkeit zugestanden, bloß einfach gewebte, grobe Stoffe des Alltags herstellen zu können. Hoch artifizielle Kunstwerke, wie sie oben beschrieben wurden, wären demnach von professionellen Webern hergestellt worden, da nur sie die erforderlichen Techniken beherrscht hätten. Es ist das moderne Misstrauen gegenüber technischen Fertigkeiten von Frauen, die in der Antike ganz selbstverständlich anerkannt und geschätzt waren, dem die Erfahrung mit diesem von Frauen ausgeübten diffizilen Handwerk fehlt.[18] Dabei gehört Webarbeit in den homerischen Epen so sehr zur weiblichen Identität, dass der Begriff *Erga gynaikon,* »Frauenarbeit«, einfach nur Webarbeit oder *ergazesthai,* »arbeiten«, weben bedeuten konnte.

Auf einem *Skyphos,* einem zweihenkeligen Trinkgefäß, ist nun auch eine Frau am Webstuhl zu sehen, die Weberin par excellence Penelope, die dort sitzend die Kunst des Musterwebens ausübt. Anschaulich zeigt das Vasenbild den bereits fertiggestellten Musterfries mit eingewebten geflügelten Pferden, eine geflügelte menschliche Gestalt, einen Stern und eine Art Kranz, einen Fries, wie sie auch auf Gewändern von Mänaden auf den älteren Vasenbildern zu sehen sind. Die seitlichen Borten schmücken breite Mäanderbänder und Wellenlinien.

Penelope am Webstuhl im Gespräch mit ihrem Sohn Telemach

Wenn nun gerade Mänaden, deren Rolle zwischen Wildheit und deren Bezähmung im Kult changiert, in archaischer Zeit mit Friesen übersäte Gewänder, in klassischer Zeit bevorzugt fast überirdisch schöne, schwerelose Gewänder tragen,[19] so kann dies eine Botschaft übermitteln, die weit über die reine Bewunderung textiler Schönheit hinausgeht. Der Dichter Euripides stellte in seinem Drama »Die Bakchen« dar, was geschieht, wenn eine *Polis* oder deren Frauen sich weigern, sich der Gefährdung und Grenzüberschreitung im Kult des Weingottes Dionysos auszusetzen.[20] Der Ort ihres Alltags, gleichzeitig der der Zivilisation, ist das Haus mit den Webstühlen, an denen sie arbeiten. Der Gott aber ruft sie zu seinen zeitlich befristeten Riten. Weigern sie sich, straft er sie mit Wahnsinn und verjagt sie dauerhaft von ihren Webstühlen. Mit diesem Zustand völliger Unzivilisiertheit straft er die ganze Stadt.

In Theben sind es die Töchter des Stadtgründers Kadmos, die lange Widerstand gegen die Feiern des Weingottes leisten. Sie weigern sich, ihre Webstühle zu verlassen. Der Chor jener Mänaden, die Dionysos schon mit sich brachte, prophezeit seine Rache:

> Bald wird *das ganze Land*
> *im Reigen sich wiegen, wenn*
> *der lärmende Gott seine Scharen führt*
> *in die Berge, die Berge*
> *wo die Frauen warten,*
> *vom Webstuhl, vom Schiffchen*
> *gescheucht durch Dionysos.*[21]

Pentheus, der junge König, sieht dies voll Empörung und wird doch selbst Opfer, als er den rasend gewordenen Frauen nachspürt. Agaue, seine Mutter, verlässt nicht nur mit ihren Frauen das Haus, in dem die Webstühle verwaisen. Sie zerreißt als rasende Mänade im von Dionysos herbeigeführten Wahnsinn den eigenen Sohn. Auf dem Höhepunkt ihrer Verblendung preist sie das Verlassen von Webstuhl und Spindel in einem Atemzug mit der Bluttat als Ruhmestat.

> *Verlassen habe Webstuhl ich und Spindel*
> *und mich Höherem geweiht:*
> *der Jagd auf wilde Tiere mit bloßer Hand!*[22]

Ihre Verirrung lässt Euripides darin gipfeln, dass das wilde Tier kein Löwe und das »Höhere«, das sie statt Spindel und Webstuhl gefunden zu haben glaubt, völlige Verrohung ist. Das ›Erlegen‹ des Sohnes auf primitivste Weise, ohne Werkzeug mit bloßen Händen, geht Hand in Hand mit der Vernachlässigung der Herstellung der Gewebe durch die Frauen als essenziellen Bestandteil griechischer Kultur. Beides verurteilt der Dichter damit als Barbarei und Abkehr von der Zivilisation.

Daher dürfte die Ähnlichkeit der makellosen Schönheit der Mänadengewänder mit jenen, die auf vielen Vasenbildern auch Göttinnen tragen, der besonderen Aufmerksamkeit wert sein. Das faltenreiche, locker fallende Gewand der Göttin Thetis etwa auf einer Trinkschale ähnelt, wie unzählige andere Abbildungen solcher Göttergewänder, denen der tanzenden Mänaden. Die göttliche und menschliche Welt nähern sich in ihrer Zielsetzung an, wobei die göttliche das Ideal für die menschliche Welt darstellt. Die Harmonie und Schönheit, die durch die Kunstfertigkeit der Weberinnen entsteht, ist somit Teil der Kultur, die sich aus ›Unzivilisiertem‹ erhebt und sich von ihr absetzt.

So erscheint der zivilisatorische Wert der Webarbeit als einer jener Schutzwälle gegen Verrohung, die die griechische Antike weit über 2000 Jahre vor der modernen Erkenntnis, dass die Decke der Zivilisation mitunter recht dünn sein kann, schon als stete Bedrohung wahrnahm. Diesen permanenten Konflikt zwischen Barbarei und Zivilisation verbildlichen am ehesten jene Mänadenbilder, auf denen die Frauen über ihren luftigen, kunstvoll gefältelten Gewändern Tierfelle tragen, mit um Hals und Arme gewundenen Schlangen. Nachdem sie sich der Bedrohung durch die rituelle Grenzüberschreitung ausgesetzt haben, kehren sie wieder dorthin zurück, wo sie ihre textilen Kulturprodukte herstellen: an ihre Webstühle.[23]

Es waren diese technischen und künstlerischen Leistungen, solche Gewebe mit einfachsten, aber effizienten Mitteln herzustellen, die den Frauen Anerkennung und Bewunderung sicherten. Sie bilden die Basis auch für ihren Stolz auf die eigene Leistung. Zum Ausdruck kommt dies in sogenannten Zeigegesten, die Renate Tölle-Kastenbein an einer Vielzahl von Peplosfiguren aus der frühklassischen Zeit dokumentieren konnte. Sie greifen mit ausgestreckten Fingern – oft sind es nur Zeigefinger und Daumen – in den Gewandstoff und ziehen ihn nach vorne. Besonders auf Standspiegeln findet sich die graziöse Gebärde, die die Feinheit des Gewebes wie den schönen Fall der Gewandsäume hervorhebt.[24] Die selbstbewusste Körperhaltung der Frauenstatuen vermittelt den Eindruck mit sich – und ihrem Ergebnis – zufriedener Gestalten. Diese grazile Geste beschreibt die Dichterin Sappho. Sie musste erlernt werden und zielte auf die Wirkung bei den Betrachtenden ab.[25]

Zeigegeste einer Spiegelkore

Dieses Selbstbewusstsein findet seinen Ausdruck auch in einer der vielen Mythen, die sich um die Spinn- und Webarbeit ranken. Der Stolz der Lyderin Arachne auf die eigene Kunstfertigkeit hat sie sogar in Konflikt mit der Göttin der Webkunst, Athene, gebracht. Sie war so sehr von der Qualität und Schönheit ihrer Webarbeiten überzeugt, dass sie sich mit dieser in einen Wettstreit einließ. Griechische Göttinnen sind nicht fair. Sie tragen wie auch die griechischen

Götter zu viele menschliche Züge. Athene konnte nicht ertragen, dass das Gewebe Arachnes so fehlerfrei wie ihr eigenes war. So verwandelte die eitle, gekränkte Göttin ihre Gegnerin in eine Spinne.

Der römische Dichter Ovid greift den alten Mythos auf und beschreibt detailreich das Gewebe, das der Arachne gelang und das die Göttin so erboste. Um die *bewundernswerten Gewirke* Arachnes zu bestaunen, kamen, so Ovid, sogar die Nymphen[26], die nach Homer ja selbst seefarbene, wie Wunder zu schauende Tuche auf steinernen Webstühlen weben.[27] Sie wollten dort nicht nur das Ergebnis, sondern den Entstehungsprozess selbst mitverfolgen.

> *Da wird Purpur verwebt, der in tyrischem Kessel getränkt ward,*
> *Zartere Schattungen auch, von einander nur wenig verschieden*
> *So wie in mächtiger Wölbung der Bogen die Weite des Himmels färbt,*
> *wenn der Regen die Strahlen der scheinenden Sonnen gebrochen:*
> *Während tausend Farben in ihm erglänzen,*
> *Läßt sich vom spähenden Auge nicht fassen der Übergang selbst,*
> *So gleich ist, was sich berührt, und doch das Entfernte verschieden.*
> *Da wird unter die Fäden gewirkt auch schmiegsames Gold und*
> *Eingewoben dem Stoff die Geschichte aus alten Zeiten.*[28]

Textile Bilder – gewebte Mythen – sprechende Gewebe

Die antiken Gewebe zeigen auch einen erstaunlich figürlichen Bilderreichtum. Beeindruckend ist dabei nicht allein das technische Können, solche Bildergewebe zu schaffen, sondern insbesondere die Kenntnis der in Bildern gebündelten mythologischen Erzählungen, über die die Weberinnen verfügten. Sie visualisieren so Mythen und Wissensbestände ihrer Zeit, was insbesondere dort eine wichtige Funktion erfüllt, wo lediglich ein geringer Teil der Bevölkerung schreiben und lesen kann. So nehmen sie teil an der Deutung gemeinsamer Erinnerung und deren Einarbeitung in Gegenwart und Zukunft. Die Historikerin Beate Wagner-Hasel hat solche Bildergewebe sicher zu Recht als *Gedächtnis- und Wissensspeicher* verstanden,[29] deren Inhalte erst später schriftlich aufgezeichnet wurden.

Die Göttin Thetis mit Peleus

In der homerischen »Ilias« findet sich ein solcher Bericht über die Entstehung eines Bildergewebes, dessen ›Erzählung‹ möglicherweise der mündlich tradierten Geschichte des trojanischen Krieges vorausgegangen ist. Noch einige Jahrhunderte später erschien dieses komplizierte Zusammenspiel von gewebter, erzählter und später schriftlich fixierter Geschichte Gelehrten in Alexandria am Übergang vom 3. zum 2. Jahrhundert v. Chr. durchaus plausibel. So nahm Aristarch, der in der Bibliothek in Alexandria umfangreiches Material der antiken Sammlungen zur Verfügung hatte, an, der *göttliche Homer* habe Geschichten für die »Ilias« aus solchen textilen Bildern bezogen.[30] In der Szene, die die »Ilias« beschreibt, sucht die Göttin Iris in der Burg von Troja Helena und findet sie am Webstuhl. Sie ist dabei, in einen großen purpurnen Mantel jene Schlacht hineinzuweben, die um ihretwillen vor der Burg tobt.

> Sie wird … *viele Kämpfe hineinweben,*
> *… der Troer, der pferdebändigenden,*
> *und der erzschwingenden Achaier,*
> *die sie um ihretwillen ertrugen unter des Ares Händen.*[31]

In dem ihr eigenen Material zu erzählen, wie es Helena tut, das ist es, was Iphigenie in ihrem Exil in Tauros vermisst. Sie bedauert, nicht mehr an der Herstellung solcher Bilder beteiligt zu sein, nicht am Webstuhl die attische Pallas und den Kampf der Titanen zu einem kunstvollen und bunten Bild weben zu können. In ihrer Heimat, in Argos, webte sie mythologische und astrologische Figuren, an die sie der zu ihrer Rettung erscheinende Bruder Orest erinnert. *Denk an den Streit des Atreus und Thyestes um das goldene Lamm und die Umkehr des Helios!,* ruft er ihr zu. Und sie bestätigt es dem Bruder, sie selbst war es, die diese Gestalten in einem feinfädigen prächtigen Gewebe zum Leuchten gebracht hatte.[32] In einem weiteren Drama des Euripides, der »Hekabe«, ist es der Chor der gefangenen trojanischen Frauen, die anders als Iphigenie befürchten, in Athen als Sklavinnen den Kampf der olympischen Götter gegen die Giganten auf Geweben gestalten zu müssen.

> In der *Stadt der Pallas werden sie*
> *auf safranfarbenen Kleide Athenes*
> *vor prächtigen Wagen*
> *die Rosse* anschirren, werden *das Geschlecht der Titanen darstellen,*
> *das Zeus, der Sohn des Kronos, mit flammendem Blitz*
> *in den Schlaf versenkte.*[33]

Im Mythos um die Schwestern Philomene und Prokne, den Töchtern des mythischen Königs Pandion von Athen, beginnen solche Bilder unmittelbar zu sprechen. In einer umfangreichen Mythensammlung aus dem 2. Jahrhundert n. Chr., die unter dem Namen des athenischen Gelehrten Apollodor überliefert ist, wird berichtet, Tereus, der Sohn des Kriegsgottes Ares, habe Philomene, die Schwester seiner Frau Prokne, vergewaltigt. Aus Angst, sie könnte von seiner Untat berichten, machte er sie durch das Herausschneiden der Zunge sprachlos. Und doch »spricht« Philomene: Sie webt eine Botschaft in einen *Peplos* ein, den sie der Schwester zukommen lässt, leitet damit ihre Rettung, aber auch die gemeinsame und grausame Rache ein.[34]

Es ist das traditionelle und typische Frauengewand, in das Philomene ihre Buchstaben webte. Ein solcher *Peplos* erfährt in Athen eine ganz außergewöhnliche Ehrung. Über Monate weben ihn die Frauen der Stadt, gestalten auf ihm Bilder, über die zuvor die politischen Institutionen Beschlüsse fassen. In feierlicher Prozession wird er dann der Göttin überbracht.[35] Das textile Bildprogramm dabei ›spricht‹ zu denen, die es sehen, der *Peplos* teilt den Besuchern mit, welche politische, in Mythen verkleidete ›Erzählung‹ für die Stadt gerade von Bedeutung ist. Und so verwundert es nicht, dass ein antikes mythologisches Handbuch die Bezeichnung »Peplos« aufnimmt und Liebesgeschichten von Göttinnen und Göttern und andere mythische Erzählungen zusammenfasst. Davon berichten noch ein spätantikes Lexikon und selbst arabische Schriften.[36]

Es blieb bedauerlicherweise nicht allzu viel von dieser textilen Schönheit erhalten. Die Gewänder, die Tücher und Schleier waren nicht von ewiger Haltbarkeit wie jene, die die Göttin Kalypso für Odysseus gewebt hatte und die sie ihm mit auf die Reise gab, oder die Gewänder des Gottes Apollon, die *niemals verschleißen.*[37] Dennoch haben einige wenige dieser Textilien die Zeiten überdauert und geben eine Vorstellung von der Art und Qualität der Stoffe, teilweise noch vom Farbenreichtum und der Vielfalt der Muster. Eines der ältesten Stücke ist ein gewebter Gürtel mit eingewebten geometrischen Mustern. Er ist etwa 3 000 Jahre alt. Drei größere zusammenhängende Stücke aus Leinen fand man in Kupferkesseln spätgeometrischer Gräber. Während diese Stücke ohne Muster waren, fand man ein jüngeres, 2 500 Jahre altes Leinengewebe mit Rautenmuster, in dem im Zentrum jeder Raute ein Löwe eingewebt war.[38]

Eines der besterhaltenen Stücke ist etwa 2 400 Jahre alt. Es war über den Sarkophag eines Kriegers gebreitet und wurde aus einem Grab einer griechischen Siedlung in der heutigen Ukraine geborgen. Die Archäologin Dora Gerziger konnte die 50 Fragmente so weit rekonstruieren, dass sie einen Eindruck ihrer ehemaligen Schönheit vermitteln. Eingewebte, aufgestickte und aufgemalte, farbige, figürliche und florale Muster, tanzende und laufende Frauen mit ihren eingewebten Namen, sie zeigen die Vielfalt dieser antiken Textilkunst.[39]

Ausschnitt aus einer rekonstruierten Sarkophagdecke (Länge x Breite etwa 3,5 Meter)

Ludolph Stephani, der damalige Ausgräber, beschrieb weitere kleinere Fragmente, eines aus Wolle, in das eine mit einem *Chiton* und hohen Schuhen bekleidete Amazone gewebt ist, die auf einem Pferd reitend eine Lanze schwingt. Ein durch eine grobe Naht angefügtes Stück ist mit vegetabilischen Ornamenten, Palmetten, bunten Ranken mit kelchförmigen Blumen und traubenförmigen Früchten geschmückt. All die erhaltenen Fragmente bestätigen, wie sehr man offenbar Muster in kräftigen Farben liebte. Das Gewebe, heute braunrot, war einst leuchtend purpurfarben und grün. Die Fäden der Stickereien reichen von Weiß über Weißgelb zu rötlichem Gelb, von Grün bis Schwarz in den Augen der Amazone.[40]

Bis solch kunstvolle Bildergewebe bestaunt, aber auch Alltagskleidung und andere textile Bedarfsgüter vom Webstuhl genommen werden konnten, waren zeitraubende Vorarbeiten notwendig. Vieles aus diesem Handwerk, die Techniken wie die Dauer des Herstellungsprozesses, wurde zum Sinnbild, diente als Vergleich, machte Abstraktes anschaulich. Über die Jahrtausende hat sich die enorme metaphorische Kraft bis in den heutigen Sprachgebrauch hinein erhalten, wenn wir vom »Gewebe eines Hypertextes« sprechen, von »Ariadnefäden« auf Websites, vom »roten Faden« und einem »Webfehler«. Homer nutzt das Auf-und-Ab-Pendeln der Waagschalen einer Wolle auswiegenden Spinnerin, das jeder zu kennen schien, um eine unentschieden tobende Schlacht zu beschreiben. Man sprach von fein gesponnenen Plänen, und die Schicksalsgöttinnen der griechischen Mythologie, die Moiren, trennten den Lebensfaden der Menschen durch, so wie ein fertiges Webstück vom Webstuhl geschnitten wird. In Platons Staatsentwurf ist die Spinnarbeit in einer ganz besonderen Weise eingegangen. Er stellte sich die spinnende Göttin der Notwendigkeit, *Ananke,* in einer gedachten Achse des Universums vor, im Zentrum der Himmelssphären, mit einer Spindel auf den Knien. Durch die Drehbewegung ihrer Spindel und den um sich selbst kreisenden Faden bewirkt sie die Bewegung der kosmischen Ringe und hält sie in Balance.[41]

Es wäre sicher eine Illusion, diese Nähe zu den textilen Techniken ließe sich wiederbeleben, so dass solche Bilder heute von uns ohne Weiteres nachvollzogen werden könnten. Insbesondere textile Herstellungsmethoden sind uns fremd geworden. Schon seit dem 19. Jahrhundert wurde die textile Herstellung sukzessive aus den Haushalten in die industrielle Fertigung verlagert, und seit vielen Jahrzehnten gibt es mit ihr kaum noch eine Berührung. Der amerikanische Soziologe Richard Sennett sah in solchem ›Handwerk‹, wie sie nicht nur die antiken Frauen bis dahin beherrschten, eine verlorene Dimension unseres heutigen Lebens. Angesichts der Leichtigkeit und Duftigkeit mancher Gewebe fehlt uns schlicht die Einfühlung in den Ideenreichtum, in die Sorgfalt, sie herzustellen. ›Handwerk‹, Dinge ›in die Hand‹ zu nehmen, wie Sennett es versteht, fördert jedoch ein tiefes Verständnis für schier unendliche Möglichkeiten verschiedener Materialen. Das haptisch und intellektuell Erspürte erst erlaubt es, sie zu etwas Brauchbarem und – wenn es gelingt – zu etwas Perfektem und Schönen zu gestalten.[42] In diesem Sinn waren die antiken Spinnerinnen und Weberinnen sicher Handwerkerinnen im besten Sinn des Wortes. Mit welcher Hingabe und Akkuratesse Frauen gerade dieser Arbeit nachgingen, lässt sich in Dramen und Komödien nachlesen, in Dialogen des Sokrates, wie sie der Philosoph Platon überliefert. Hier finden sich auch jene Ausführungen und Begriffe, die zeigen, dass die Weberei – als *Episteme* klassifiziert – auch für den Beginn der deduktiven Wissenschaft, der Mathematik, eine zentrale Rolle spielte.[43]

Epinetron aus Ton: Frauen bei der Wollarbeit

Mithilfe der Texte und der Bilder scheint es jedoch möglich, dass wir uns bis zu einem gewissen Grad diesem technischen Können der antiken Frauen anzunähern vermögen. So haben die Textilhistorikerinnen Elisabeth Barber und Ellen Harlizius-Klück Webstühle mit hängender Kette, wie sie in der griechischen Antike benutzt wurden, nachbauen lassen und in eigenen Experimenten auch die alten Herstellungsmethoden nachvollzogen. Es stellte sich heraus, dass es einer Zeitspanne eines Monats bedarf, allein um die Wolle für einen *Peplos* zu reinigen, zu kämmen und zu spinnen.

Wenn wir vom Scheren der Schafe absehen, das in der Regel Männer erledigten, begann die Wollbearbeitung mit der Reinigung der Fasern durch Waschen und Schlagen. War die Wolle trocken, konnte sie gekrempelt, das heißt mit kammartigem Werkzeug aufgelockert und geordnet werden. Durch das darauffolgende Rollen der gekämmten Wolle auf Schienbein oder Knie entstand in noch relativ dicken Strängen ein Vorgarn. Um sich gegen die raue Wolle zu schützen, verwendeten die Frauen eine Art Knieschutz, ein *Epinetron,* meist aus gebranntem Ton. Dessen schuppige Oberseite bot der Wolle den nötigen Widerstand.

Zwei junge Frauen beim Krempeln der Wolle

Ein Bild im Innern einer Trinkschale zeigt zwei junge und elegant gekleidete Frauen, die sich gerade diesem Arbeitsgang widmen. Zwei Wollkörbe stehen im Raum, und die eine von ihnen sitzt auf einem Stuhl und hat die Ferse auf einen kleinen Schemel gestellt. Ihr Kleid ist bis ans Knie nach oben gezogen, und sie scheint gerade damit beginnen zu wollen, die lange Wollsträhne, die sie aus dem vor ihr stehenden Korb gezogen hat, auf Knie und Schienbein zu rollen. Die andere Frau hält einen der dicken Stränge noch prüfend vor sich. Viele solcher Schalen, aus denen Wein getrunken wurde und bei denen das Bild erst sichtbar zu werden begann, wenn sich die Schale leerte, wurden bevorzugt bei gemeinschaftlichen Trinkgelagen von Männern verwendet. Das graziöse, beinahe nackte Knie der jungen Frau, für diese Klientel gemalt, ließ daher einige Altertumswissenschaftler Übles vermuten. Nie würden sich ›gesittete‹ Hausfrauen in solcher Weise zeigen. Es müsse sich daher um Hetären handeln, Frauen, die mitunter in die Nähe von Prostituierten gerückt wurden. So haben diese und andere ›Hetären‹ eine Flut von Aufsätzen provoziert. Das Schicksal dieser beiden Kremplerinnen teilten auch Spinnerinnen, wenn sie jung und hübsch waren. Aus Häusern, in denen in jedem Raum Webstühle aufgestellt waren, also vermutlich Sklavinnen Gewebe zum Verkauf produzierten, wurden Hetärenhäuser. Am Beginn des 20. Jahrhunderts vermuteten manche selbst in der Spindel in der Hand von Frauen ein Verführungsinstrument. Andere wiederum bedauerten die Frauen, die der männlichen Lüsternheit ausgesetzt seien. Im Zuge der Frauenbewegung sahen dann manche die mittlerweile abgegriffene Formel von der männerdominierten griechischen Gesellschaft bestätigt.[44] Gloria Ferrari hat die Bilder jüngst noch einmal neu interpretiert, und meinte in ihnen das *Inbild idealer Weiblichkeit*, der *Parthenos* zu erkennen.[45] So wird die Zeitgebundenheit mancher Deutung offenbar, wie auch die Interpretation einer weiteren Trinkschale zeigt, die in einem Mädchengrab in Tarent gefunden wurde. Sie ist mit der Aufschrift versehen:

Der Melosa gehöre ich
als Siegespreis.
Im Wollekrempeln
hat sie alle anderen Mädchen besiegt.[46]

Auch die hübsch gekleidete Melosa ereilte das Schicksal, als Hetäre betrachtet zu werden. Es scheint jedoch weit einleuchtender, wie von der Archäologin Marjorie Milne vorgeschlagen, einen Krempel- oder Spinnwettbewerb anzunehmen, bei dem die Schale, wie in der

Aufschrift genannt, der Siegespreis war. Dass es Wettbewerbe unter Frauen in den ihnen eigenen Fertigkeiten, etwa auch der Wollbearbeitung, gegeben hat, ist vereinzelt durchaus belegt.[47]

Ob nun Hetäre oder ›sittsame Ehefrau‹, aus dem fertigen Vorgarn wurde auf dem nackten Knie oder einem *Epinetron* über dem Kleid, die Wolle zu dünnen Strängen gerollt. Daraus konnten jene unterschiedlichen Stärken und Qualitäten gesponnen werden, die jedwede Gewebeart erforderte. Mit den Fingerspitzen wurden herausgezogene und gezupfte Fasern zu einem dünnen Faden gedreht, der an einem Spinnstab befestigt war. Die Spindel hing frei am Faden herab, und indem immer weitere Fasern mit den Fingerspitzen auf die geforderte Stärke gebracht und in drehende Bewegung gesetzt wurden, entstand im allmählichen Absenken das Garn. Jedes Mal, wenn die Spindel den Boden erreichte, wurde der Faden auf die Spindel aufgewickelt; war sie voll, begannen die Frauen mit einer neuen. Unzählige solcher Spindeln waren nötig, um die üblichen Kleidungsstücke, Vorhänge, Kissenbezüge und anderes zu weben. Und ebenso unzählige Spindeln, meist aus Knochen, seltener aus Elfenbein oder Silber, wurden als Grabbeigaben in Frauengräbern gefunden oder auf Grabgefäßen abgebildet. Noch vor Kurzem hat die Archäologin Elisabeth Trinkl auf einer Gruppe von Vasen Gegenstände, die lange als Rasseln gedeutet wurden, als Rocken und Spindeln identifizieren können.[48] Es handelt sich auch sicher um keinen Zufall, dass das Motiv gerade der spinnenden Frau in der attischen Vasenmalerei neben dem der Wasserträgerin das am häufigsten dargestellte war.[49]

Eines der schönsten Bilder einer Spinnerin zeigt eine weißgrundige *Oinochoe,* vermutlich des berühmten Brygos-Malers, ein Kännchen, mit dem Wein aus dem Mischkessel geschöpft und in Trinkschalen ausgeschenkt wurde. Es scheint gerade der Moment zu sein, in dem die Spinnerin die Spindel antreibt. In präziser Zeichnung gibt der Maler ihre Fingerhaltung wieder. Man glaubt, noch die Rotation zu erkennen, die sich auf die herausgezogenen Fasern überträgt. Eine andere Spinnerin auf einer etwas jüngeren Vase aus Unteritalien nimmt gerade den Faden in den Mund, entweder um ihn weiter zu glätten oder um ihn abzubeißen, weil auf der Spindel schon genügend Wolle aufgewickelt ist.

 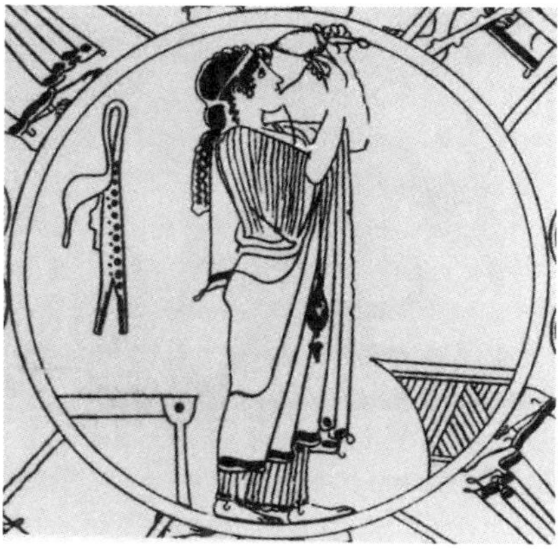

Zwei Spinnerinnen

Waren die Vorarbeiten abgeschlossen und war genug Wolle, seltener Leinen, vorhanden, konnte das Weben beginnen. Der im griechischen Raum gebräuchliche vertikale Webstuhl, *Histos*, mit hängender Kette und Webgewichten bestand aus zwei senkrecht in den Boden versenkten Balken, die oben mit einem Querbalken verbunden waren. An diesem Webbaum wurden die senkrechten Kettfäden befestigt. War er beweglich, konnte über ihn das jeweils fertiggestellte Stück nach und nach aufgewickelt werden.

Das Aufbauen des Webstuhls, das Aufziehen der Kettfäden und deren Beschweren mit Webgewichten aus Stein oder Ton konnten mehrere Tage in Anspruch nehmen. Danach wurden die durch die Gewichte straff gespannten Kettfäden gesondert und durch einen Trennstab in gerade und ungerade auseinandergehalten. Durch das so entstehende Fach führte man die Schussfäden, die mit einem Stab, dem Webschwert, nach oben festgeschlagen wurden. Die Bunt- und Musterweberei verlangten zusätzlich eine stärkere Sonderung der Fäden und mehrere Spulen mit den jeweils benötigten Farben.

Auf einem *Skyphos* aus einem Kabirenheiligtum bei Theben ist das stark schematisierte Vasenbild eines dieser einfachen, aufrecht stehenden Webstühle erhalten. Deutlich ist das am Webbaum aufgerollte, schon fertiggestellte Gewebe zu erkennen. Bis weit in die Fünfzigerjahre des letzten Jahrhunderts hinein waren solche Webstühle noch in Nordskandinavien und auf Island gebräuchlich

Odysseus und Kirke am Webstuhl

Einen seltenen Einblick in die verschiedenen Arbeitsschritte bei der Wollbearbeitung bietet das rundumlaufende Bild auf der *Lekythos,* einem Ölfläschchen des Amasis-Malers. Es ist die einzige erhaltene Szene dieser Art, wenn der Bildverlauf auch nicht dem real notwendigen Ablauf folgt. Zeichnerisch abgelöst, lässt der Fries elf Frauen in eleganten Gewändern erkennen, die bis auf eine Ausnahme ihre Arbeiten paarweise verrichten. Zwei an der linken Seite und die sechste von links sind dabei, das gekämmte Garn zu entwirren. Sie ziehen aus der gekämmten Wolle lange Strähnen, die eine der Frauen zu dünnen Fäden verspinnt. Eine weitere Zweiergruppe faltet die Gewebe zusammen und legt sie auf einem Hocker ab. Von den beiden Frauen am vertikalen Webstuhl führt die eine mit einer Spule die Schussfäden durch die Kettfäden, während die andere diese nach oben festschlägt. Zur Rechten wiegen zwei – gemeinsam mit einer dritten, deren Gesten nicht eindeutig zu entschlüsseln sind – die Wolle ab.

Elf Frauen bei der Wollbearbeitung

Ein *Aryballos,* ebenfalls ein Ölkrug, aus Korinth, zeigt gleich zwei nebeneinanderstehende Webstühle, an denen mehrere Weberinnen zugleich arbeiten. Wenn das Bild auch nicht im besten Erhaltungszustand und daher auch nicht sonderlich kunstvoll anmutet, lässt es erkennen, dass die Frauen entweder hohe Absätze unter ihren Schuhen tragen oder, eher noch, auf kleinen Schemeln stehen. Dies dürfte ihnen ermöglichen, an einem höheren Webstuhl zu arbeiten, um ein längeres Gewebe herzustellen, da der Länge eines Webstücks durch den Webstuhl mit hängender Kette gewisse natürliche Grenzen gesetzt sind.

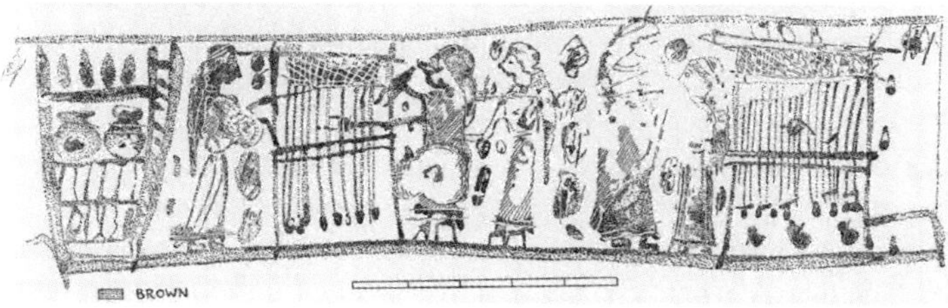

Frauen an zwei Webstühlen

Kleider für Göttin und Gott

Profanes und Rituelles wies in der griechischen Antike in kaum einem Bereich so unscharfe Grenzen auf wie in der Textilarbeit. Göttinnen stellte man sich als Spinnerinnen und Weberinnen vor, und die Techniken der Weberei, so dachte man zumindest in archaischer Zeit, könnten sterblichen Frauen nur von Göttinnen gelehrt worden sein. Besonders die Göttin der Webkunst, Athene, soll die Frauen unterwiesen haben. Durch diese Abkunft ihres Könnens nahmen sie mit der Ausübung des textilen Handwerks selbst an Göttlichem teil. So mag es nicht verwundern, dass es im Bereich des Kults eine ganz besondere Bedeutung besaß.

Das antike Arbeitsverständnis äußerte sich unter anderem darin, dass Götterstatuen mit Gewändern eingekleidet und ihnen unzählige textile Geschenke überbracht wurden, als Zeichen der großen Nähe auch Arbeitsgeräte wie Rocken und Spindeln oder noch unversponnene Wolle. Häufig werden in archaischer Zeit Frauen in einem festlichen Kontext abgebildet, wie sie bei Frauenfesten den Göttinnen ihre Spindeln präsentieren. Ein korinthischer *Skyphos* etwa zeigt einen Zug schreitender Frauen mit offenen Haaren und reich gemusterten *Chitonen.* Eine von ihnen hält ein Weihgeschenk empor, das nur eine mit Wolle umwickelte Spindel sein kann. In Verzeichnissen von Heiligtümern und Tempelinventaren finden sich textile Weihgaben und Gaben aus dem unmittelbaren weiblichen Arbeitsleben in großer Fülle, die Frauen dort vor allem Göttinnen als Bitt- oder Dankesgabe übergaben.[50] Als *Früchte der Tätigkeiten der Weihenden* hat sie William D.D. Rouse in seiner umfangreichen Sammlung von Weihgaben aus dem Jahr 1902 bezeichnet, die sie als Ergebnisse ihrer Welt und ihres Lebens mit den Gottheiten verbinden.[51]

Textile Geschenke festigten der antiken Vorstellung gemäß die Beziehungen zwischen den Sterblichen und den Unsterblichen. Indem sie das Material herstellen, das schon im Kreuzen der Fäden dauerhaft Verbundenes symbolisiert, treten besonders Frauen in Beziehung zur Götterwelt und festigen so den Vertrag der Unsterblichen mit den Sterblichen. So gebührten Göttinnen und Götter in regelmäßigen Abständen neue staunenswerte Gewänder. In vielen antiken Städten fanden große Feste anlässlich der Überbringung solcher Gewänder an Göttinnen und Götter statt. Und für einige Orte ist sogar überliefert, dass Gruppen ausgewählter Frauen über viele Monate in gemeinsamer Arbeit das jeweilige Göttergewand hergestellt haben.

Bei den Hyakinthien in Amyklai bei Sparta, einem jährlich wiederkehrenden, drei Tage dauernden großen Fest, hatte der Gott Apollon Anrecht auf einen *Chiton.* In einem feierlichen Prozessionszug trugen ihn die Bewohner zum außerhalb der Stadt gelegenen Heiligtum. Es waren verheiratete Frauen, die in einem eigens dafür vorgesehenen Gebäude in Gemeinschaftsarbeit dieses Gewebe hergestellt haben. Es müssen viele Frauen an diesem rituellen Weben für Apollons *Chiton,* der nach dem Bericht des Pausanias eine beachtliche Größe – für eine Statue von dreißig Ellen – gehabt haben soll, teilgenommen haben. Ihre Anzahl ist bedauerlicherweise nicht überliefert.[52] Für Olympia dagegen ist bekannt, dass dort alle fünf Jahre 16 ebenfalls verheiratete Frauen einen *Peplos* für die Göttin Hera webten. Auch für sie war am Markt ein Gebäude errichtet, *wo sie das Gewand für Hera weben,* wie es ebenfalls der antike Reiseschriftsteller Pausanias berichtet. Der Göttin wurde ihr Umhang bei einem großartigen Fest, das ihr zu Ehren stattfand, überbracht.[53] In diesen webenden Frauengruppen teilt sich ein erstaunliches Gemeinschaftshandeln der antiken Frauen mit, das dann in der Überreichung der Gewebe zum Abschluss kommt.[54]

Das Überbringen solch ritueller Gewänder an eine Gottheit zeigen schon sehr alte Vasenmalereien. Auf dem Fries einer *Pyxis,* einer kleinen Dose, aus Syrakus tragen zwei Mädchen ein großes Tuch. Zwei Frauen begleiten sie und halten jeweils eine Spindel in Händen.[55] Bilder ähnlichen Inhalts finden sich auch auf Tontafeln, *Pinakes,* die gehäuft in einem Heiligtum der Persephone im süditalienischen Lokroi Epizephyrioi gefunden wurden. Frauen tragen, selbst festlich gekleidet, gefaltete Stoffballen auf dem Kopf, um sie der Göttin zu überbringen.[56] Auf anderen Abbildungen werden entfaltete Stoffbahnen von mehreren Frauen in einer Prozession getragen, die wie ein Mantel über die gesamte Gruppe gebreitet sind.[57]

Prozessionsszene mit textilen Weihgaben für die Göttin Persephone

Am eindrücklichsten wird in den unterschiedlichsten Überlieferungen die Erinnerung an das Gewand der Stadtgöttin Athens gepflegt, den *Peplos,* der ihr beim großen Fest der Stadt, den *Panathenäen,* überbracht wurde. Es ist ein eminent politischer Akt, an dem in Athen Männer wie Frauen beteiligt sind. Ein Festkomitee von zehn Männern trifft Vorbereitungen, die Auswahl der Bilder inbegriffen, die Volksversammlung wählt vier der sieben- bis elfjährigen Mädchen aus, die für eine gewisse Zeit zum Kultpersonal der Göttin Athena auf der Akropolis gehören werden und die im späten Oktober oder frühen November gemeinsam mit den Athenapriesterinnen die Webarbeiten für das Kultkleid der Göttin beginnen. Sie errichten gemeinsam den Webstuhl und beginnen die Kettfäden aufzuziehen.[58] Welchen Anteil diese Riten auch in Zusammenhang mit der Ausbildung junger Mädchen besaßen, wird man kaum überschätzen können. Die Ausgewählten, die sich längere Zeit im Tempel aufhielten – man hatte sogar einen Ballspielplatz für sie angelegt – darf man sich als kultische Verkörperung jener Altersgruppe vorstellen, die im profanen Leben ebenfalls in die Webarbeit eingewiesen wurde.[59]

Zu den Priesterinnen und *Arrhephoren,* wie die Mädchen genannt wurden, gesellen sich Frauen der Stadt unterschiedlichen Alters, die über einen Zeitraum von neun Monaten gemeinsam an der Weihgabe für die Göttin arbeiteten. So verbinden sich wie die Fäden eines Gewebes in den Vorbereitungen und dem Weben des *Peplos* symbolisch der männliche Teil der Stadt mit dem weiblichen und ebenso dessen unterschiedliche Altersgruppen miteinander.

Es muss eine ganz besondere Auszeichnung gewesen sein, zu denen zu gehören, die am Gewand für Athene mitarbeiteten. Um das Jahr 100 v. Chr. wurden zwischen 100 und 120 Frauen, die an diesen Arbeiten beteiligt waren, in einer Ehreninschrift als *Ergastinai* gewürdigt.[60] In den Listen sind mehrfach Namen angesehener Familien der Stadt vertreten. Die Stele mit den Namen wurde für alle sichtbar neben dem Tempel der Göttin aufgestellt. Da es sich um eine erhebliche Anzahl an *Ergastinai* handelte, wäre es denkbar, dass für ein Gewebe dieser Bedeutung auch das Vormaterial unter rituellen Gesichtspunkten behandelt werden musste. Vielleicht waren das Reinigen und das Verspinnen der Wolle ebenfalls Teil des Dienstes an der Göttin.

Ausschnitt aus dem Ostfries des Parthenon: in seiner Mitte die Übergabe des Peplos

Bei diesem Fest, zu dem Gäste aus allen Teilen Griechenlands und darüber hinaus in Athen zusammenströmten, wurde der *Peplos* in feierlicher Prozession den Teilnehmern präsentiert. Seine Übergabe an die Göttin, die den Schlusspunkt des Zuges markierte, hielt man für so bedeutend, dass die sich alle vier Jahre wiederholende Szenerie an zentraler Stelle, im Ostfries des zentralen Repräsentationsbaus der klassischen Zeit, dem Parthenontempel, verewigt wurde.[61]

Hungergewerbe und leerer Brotkorb trotz fleissiger Arbeit

Nicht alle Frauen hatten das Glück, aus angesehenen Häusern zu stammen, sich am Weben des *Peplos* zu beteiligen oder sich auch nur der Herstellung der Gewebe in einer zwar arbeitsreichen, aber materiell gesicherten Atmosphäre zu widmen. Wir erfahren vor allem ab dem 3. Jahrhundert v. Chr. von Arbeitssituationen ärmerer Frauen, zu denen Sklavinnen, Freigelassene, aber auch Bürgerinnen zählten. Ihr Leben war geprägt von anstrengender, den Tag vom frühen Morgen bis in den späten Abend ausfüllender Tätigkeit, verrichtet bis ins hohe Alter. Im »Argonautenepos« des Apollonios aus Rhodos – der Schilderung des Zugs der Argonauten, die das Goldene Vlies aus Kolchis nach Griechenland zurückbringen sollen – werden zwei Wollarbeiterinnen erwähnt, die nicht erst früh am Morgen, sondern schon oder noch nachts an ihren Arbeiten sitzen. Eine der Frauen entfacht ein Feuer, um sich für die Wollarbeit Licht zu verschaffen. Den Dichter interessiert bei ihrer Darstellung zwar nicht das Belastende dieser Arbeit – er vergleicht das Feuer, das der Wollarbeiterin bei ihrer Arbeit leuchtet, mit dem Feuer der Liebe, das Medea beim Anblick des griechischen Helden Jason erfasst. Und doch gestattet er uns, für einen Moment eine Anschauung vom Leben auch dieser Frauen zu gewinnen. Eine andere windet gleichfalls nachts – weinend, denn um sie *wimmern die Kinder,* die *durch den Verlust des Gatten zu Waisen geworden* sind – ihre Knäuel auf.[62]

Insbesondere in Weih-, aber auch in Grabepigrammen häufen sich Klagen dieser meist älteren Frauen. Obwohl sie als *Hartarbeitende* oder *Fleißige* bezeichnet werden, die *spinnwebenfeine Gewebe* oder besonders dichte Stoffe weben können, gelingt es ihnen nicht, sich aus ihrer Lage zu befreien. Eine von ihnen, die schon betagte Platthis, ist in einer Weihinschrift des Dichters Leonidas aus Tarent erwähnt. Sie spinnt ihre Wolle und webt vom frühesten Morgen bis spät in den Abend hinein, ihr ganzes Leben, bis ins hohe Alter.[63]

Oft widerstand die betagte Platthis der Müdigkeit,
abends wie in der Frühe, und hielt derart die Armut sich fern.
Wohlgemut stimmte ein Lied sie an bei Rocken und treuer Spindel,
schon nahe dem Tor, das uns vom Alter noch trennt,
gleichfalls am Webstuhl, wenn bis zum Aufgang der Sonne,
im Bunde mit den Chariten, sie flink Bahnen Athenes durchmaß
oder mit runzliger Hand auf gichtigen Knien,
noch immer anmutig, ausreichend zum Weben die Fäden gespult.
Achtzigjährig bekam sie Acherons Strömung vor Augen
Platthis, die Tüchtige, die fleißig ihr Pensum erfüllt.[64]

Obwohl in der Würdigung dieser Frau zum einen der Eindruck einer völlig ihre Kräfte überfordernden Tätigkeit entsteht, zeigt ihr Gesang, mit dem sie ihr Spinnen und Weben begleitet, auch die andere Seite: Sie fühlt sich im Bunde mit den *Chariten*, den Göttinnen der Anmut, und mit der Göttin der Webarbeit, Athene. Und trotz aller Anstrengung überwindet sie die Müdigkeit. Obwohl kein Name genannt ist, der ihr für diese Art ihrer Existenz dankt, keine Familie oder Hausgemeinschaft, in der sie oder für die sie ihre Webereien hergestellt hat, wird sie mit einem Begriff geehrt, der das Ideal weiblicher Existenz ausmachte und in wörtlicher Übersetzung ins Deutsche so belanglos klingt: »schön und gut« – *kala kai kalos.* Der Übersetzer hat ihn passend mit »die Tüchtige« übertragen.

Während bei Platthis die Übereinstimmung mit den Göttinnen die Anstrengung ihrer Arbeit zu überwiegen scheint, klagt die greise Arsinoe vor allem darüber, dass sie der Göttin nur »Gaben der Armut« weihen kann. Es gab wohl in ihrem Leben durchaus eine Zeit, in der ihr Wollkorb reichlich gefüllt war. Damals, beteuert sie, wäre sie in der Lage gewesen, Besseres zu weihen. Nun aber zwingt ihr das Alter eine ärmliche Gabe auf.[65] Es sind vor allem solche Epigramme, in denen die beschwerlichen Seiten des Lebens von Spinnerinnen oder Weberinnen ohne Rückhalt eines begüterten Hauses aufscheinen. Für Bitto, eine Witwe, ist das Arbeiten am Webstuhl gar zur *verabscheuungswürdigen Plage* geworden. In manchem Weihepigramm klagen mehrere Frauen gemeinsam über ihr *kärgliches Leben.* Drei Schwestern aus Samos sprechen in einer dieser Inschriften davon, dass sie der geringe Ertrag ihrer Spinn- oder Webarbeiten zu einem ärmlichen Leben zwingt.[66]

Andere wiederum ziehen aus ihrer prekären Situation einschneidende Schlüsse. Sie teilen der Göttin Athena, der Göttin der Webkunst, in der Hoffnung auf ein besseres Leben ihren Entschluss mit, ihr *Hungergewerbe* aufzugeben. So weiht Bitto ihre Einschlagstäbe, *Werkzeuge des Hungerberufs,* nennt sie sie, die *ihr trotz viel Schinderei kaum je das Hungern erspart* haben. *Nimm du sie, Göttin,* setzt sie hinzu und wendet sich ab von ihr und der Liebesgöttin Aphrodite zu. In Zukunft will sie sich – *obwohl schon verwitwet, und über die dreißig hinaus* – den Werken einer Hetäre widmen.[67] Ein sehr viel späteres Epigramm, vermutlich schon aus dem ersten nachchristlichen Jahrhundert, nimmt dieses Motiv erneut auf. Nikarete, die *das Schiffchen Athenes* bedient und *am Webstuhl geschickt Fäden zu trefflichem Stoff* spinnt, bringt ihr gesamtes Webgerät mitsamt dem Wollkorb und den Spindeln in den Tempel und wirft es *Aphrodite zu Ehren* ins Feuer. Auch sie spricht vom Hungergewerbe, das sie aufgeben wird.

Schluss mit dem Hungergewerbe erbärmlicher Frauen.
Schluss mit dem Schuften,
es zwingt nur die elenden Frauen zum Hungern,
rief sie, es zerstört nur den Reiz blühender Jugend und Kraft.[68]

Für wie viele mag sich dieses bessere Leben dann wohl eingestellt haben? Zweifel scheinen berechtigt, auch wenn ein Epigramm eines anonymen Dichters mit einer Situation spielt, die als erwünschte Folge einer solchen Entscheidung imaginiert wird. Während der Zeit, in der Rocken und das gesponnene Garn im Wollkorb ruhen und sie selbst, heimlich, in den Armen ihres Liebhabers, »erarbeitet« eine der Frauen einen Mantel in leuchtendem Grau. Der wohlhabende Liebhaber soll ihr wohl jenen Mantel bieten können, für den sie früher selbst die Fäden hätte spinnen und verweben müssen. Das wunderschön glänzende Garn spinnt an ihrer Stelle die ebenfalls als Spinnerin *(erithos)* bezeichnete Aphrodite.

In einer Reihe anderer Weihinschriften nehmen Frauen jedoch auch entschieden gegen einen solchen Weg Stellung. Trotz eines Lebens, wie es vier Schwestern führen, *deren Brotkorb trotz fleißiger Arbeit, die sie sehr liebten, beinahe leer blieb,* stiften sie weiter Athene ihr Handwerkszeug. Und sie vergessen nicht hinzuzufügen, ihre Weihung sei *ein Reichtum für solch eine Armut, ein bescheidenes Teil aus ihrem bescheidenen Gut.*[69] Sie bitten die so informierte Göttin, auch künftig ihre Hände und ihren oft leeren Kasten mit Brot zu füllen. Dieser Bitte ähnelt der Wunsch dreier weiterer Wollarbeiterinnen. Auch sie hoffen weiterhin von den Ergebnissen ihrer Kunstfertigkeit, vom Ertrag ihrer *eigenhändigen* Arbeit – da sie *wie die Spinnen so fein webend zu wirken verstehen* – leben zu können. Ihr Wunsch ist es, ihre Arbeit *entfernt von Schande* tun zu können.[70]

Im Grunde wissen wir viel zu wenig über die Lebenswelt gerade dieser Frauen. Die Häufigkeit jener Epigramme, in denen sie den Wechsel ins Hetärendasein als Alternative sahen, und die zunehmende Anzahl an Hetären als Charaktere in den zeitgenössischen Komödien, stellt nicht die Frage nach einer wie auch immer gearteten Moral. Es dürfte sich für jene, die nicht fest in einen Haus- oder Verwandtschaftsverbund eingebunden waren, der ihnen einen gewissen Schutz bot, schlicht um die Frage des Überlebens gehandelt haben.[71]

Pflege und Aufbewahrung textiler Schätze

Welchen Umfang die textilen Besitztümer dieser wenig begüterten Frauen hatten, lässt sich kaum erfassen. Gerade sie dürften das wenige, ob Festgewänder oder Alltagskleidung, Kissen oder Vorhänge, für lange Zeit zu erhalten versucht haben. Gewebe, an denen über Monate, manchmal Jahre gearbeitet wurde, in die alle Kunstfertigkeit floss, über die Frauen verfügten, sollten ein Leben lang halten, besser aber noch an die nächste Generation weitergegeben werden können. Sie mussten vor Ungeziefer geschützt und sicher aufbewahrt werden. Da Schränke zu der Zeit kaum üblich waren, wurden sie in der Regel in Truhen verwahrt. Miniaturmodelle solcher Truhen waren wie auch die Arbeitsinstrumente bei der Gewebeherstellung häufig Grabbeigaben in Mädchen- oder Frauengräbern.[72] Kästen und Truhen waren bevorzugt aus solchen Hölzern gefertigt, deren Duft Schädlinge abhält. Zusätzlich konnten aromatische Pflanzen oder getrocknete Früchte in die Truhen gelegt werden. In der Burg in Troja etwa lagern Gewebe in mit Zedernholz getäfelten Kammern, voll von den Aromen wohlriechender Öle und Kräuter und des verwendeten Holzes.[73]

Frauen vor oder neben Truhen sind in der Vasenmalerei oder auf Reliefs ein beliebtes Sujet. Häufig sind es mehrere, sitzend, stehend oder auch mit anderen Tätigkeiten beschäftigt. Gewebe werden zusammen- oder aufgefaltet, vor anderen Frauen ausgebreitet, in Behälter verstaut oder entnommen. François Lissarrague sah in solchen Darstellungen die Ordnungsfunktion der Frauen symbolisch überhöht und von ihrer schönsten Seite präsentiert.[74] Auf einem Tonrelief aus dem süditalienischen Lokroi ist eine solche Szene sehr anschaulich dargestellt. Eine Frau legt ein zusammengefaltetes Gewebe vorsichtig in eine mit Ornamenten verzierte Truhe. Auf einer weiteren Abbildung sind zwei Frauen gerade dabei, ein Gewebe zusammenzufalten, während ein dritte dabeisteht, die die Schönheit ihres Gewandes selbst zu bewundern scheint, es mit den Fingerspitzen zur Seite zieht, vielleicht um den Freundinnen die Feinheit des Stoffes zu zeigen.

Eine Frau ordnet Textilien in eine Truhe

Bevor die Gewebe in Truhen verwahrt wurden, schützte man sie auch mit Räucherungen gegen Insekten und Motten, indem sie dem Rauch duftender Substanzen ausgesetzt wurden. Wie die Göttinnen der Anmut, die *Chariten,* und die Göttinnen der Jahreszeiten, die *Horen,* Kleider mit Wohlgeruch versahen, so behandelten auch die sterblichen Frauen ihre kostbaren Gewebe.

Frauen beim Räuchern und Beduften von Gewändern

Zwei festlich gekleidete Frauen sind auf der Abbildung einer kleinen Weinkanne gerade dabei, kostbare Gewänder auf eine Schaukel zu legen und darunter Räucherwerk anzuzünden. Der Rauch des Laubs des Lygosstrauches etwa, auch Keuschlamm oder Mönchspfeffer genannt, desgleichen der des Lorbeers, sollten Ungeziefer vertreiben.[75] Die Bewegung der einen lässt vermuten, dass sie Extrakte aus duftenden Pflanzen auf die Gewänder träufeln wird. Auch das Abkochen von Äpfeln oder Quitten etwa sollte die aufbewahrten Kleider gegen Mottenfraß schützen.[76] Ebenso kam Wermut, *Artemisia Absinthium,* zum Einsatz. In die Schränke gelegt, schützt er die Kleider gegen Motten, mit Öl eingerieben, hält er Mücken fern.[77]

Die »Büchse der Pandora« und antike Kochkünste

II.

Die Herstellung der Gewebe war sicher eine der zeitraubendsten Arbeiten. Eine Frauendomäne von nicht weniger elementarer Bedeutung dürfte die Bevorratung und Einteilung der Lebensmittel sowie deren Zubereitung gewesen sein. Sie muss einen immensen Stellenwert im antiken Denken besessen haben, da sich um die Vorräte in der Hand der Frauen ein Mythos rankt, der in leichter Abwandlung bis in die heutige Zeit im Gedächtnis geblieben ist: der Pandora-Mythos. »Damit wurde die Büchse der Pandora geöffnet« ist ein Satz, der bis heute so manchem einen Schauer über den Rücken laufen lässt, wegen des undefinierbaren Unheils, das aus dieser Büchse entweichen könnte. Dagegen hat sich über die Jahrhunderte kaum ein nachhaltiges und farbiges Bild der griechischen Kochkunst erhalten. Sie fristet als unscheinbare Schwester der Schlemmereien und Raffinesse des kaiserzeitlichen Roms ein eher kümmerliches Dasein. Doch hat das vermeintliche griechische Aschenputtel mehr zu bieten, als es auf den ersten Blick scheint. Doch zunächst zu Pandora.

Was war in Pandoras »Büchse«?

Und wer war Pandora, diese schillernde Frauengestalt, *schön wie unsterbliche Göttinnen?* Was hat sie und ihre ›Büchse‹ mit der Vorratshaltung zu tun?[78] Überliefert hat den Mythos der Dichter Hesiod in seiner Erzählung über Herkunft und Verwandtschaftsverhältnisse der griechischen Götterwelt, der »Theogonie«, und in einer Art bäuerlichem Kalender, den »Werken und Tagen«. Pandora, die aus Lehm und Wasser geformte Schönheit, entspringt dem Gewimmel des Konkurrenzkampfs der griechischen Göttergenerationen, als sich erstmalig die Götter- von der Menschenwelt trennt. Von Beginn an steht Nahrung im Zentrum des Streits zwischen Zeus, dem Stammvater des olympischen Göttergeschlechts, und Prometheus aus dem Geschlecht der Titanen: Fleisch für die Götter und Getreide, vielleicht auch Hülsenfrüchte, als häufigere Nahrung der Sterblichen. Hinzu kommt als weiterer Streitgegenstand das zum Garen notwendige Feuer.

Prometheus, der kluge, im Voraus Denkende, der den Scharfsinn des Zeus, welcher sich als Götterherrscher auf dem Olymp etabliert hat, testen will, setzt ihm einen Haufen mit Fett umwickelter

Knochen vor.[79] Entgegen heutiger Vorlieben hat er die Teile so als Kunstwerk drapiert, dass das verlockende Äußere, für die damalige Zeit die Fettschicht, ein wertloses Inneres, die Knochen, verbarg. Zur Strafe verbirgt Zeus das Feuer vor den Schützlingen des Prometheus, den Menschen, was diesen veranlasst, es wiederzubeschaffen und ihnen zurückzugeben. Dieser doppelte Affront forderte die Rache des Zeus so sehr heraus, dass er Prometheus im Kaukasus an die berühmte Felswand fesseln lässt, an der ihm ein Adler immer wieder die Leber anfrisst. Grausame griechische Götter!

Damit noch nicht genug. Um auch die Menschen empfindlich zu treffen, kommt Pandora ins Spiel, geplant als infame, sich selbst replizierende Strafe: Zeus lässt den ›Menschen-Männern‹ das ›All-Geschenk‹, Pan-dora, überbringen, *mit dem jeder* – jeder Mann! – *seine Freude haben und gleichzeitig sein Unheil umarmen soll.*[80] Als *lockende Mädchengestalt so schön wie unsterbliche Göttinen*[81] bekommt sie ein Gefäß mit auf den Weg, einen *Pithos*, ein Vorratsgefäß. Archäologen haben diese *Pithoi* in zahlreicher Form gefunden.[82]

Die berückende Schönheit Pandoras, zu der alle Göttinnen und Götter beitrugen, sichert tatsächlich, dass ein erster, nicht sonderlich kluger Vertreter des männlichen Geschlechts, Epimetheus, trotz eindringlicher Warnung seines Bruders Prometheus das Göttergeschenk annimmt.[83] Das Göttergeschenk mit *hündischem Sinn und verschlagener Art.*[84] Und seither, so die Version des Hesiod, umarmen die ›Menschen-Männer‹ ihr ›Übel‹ und zeugen ihre Nachfolgerinnen in unendlicher Abfolge.

> *Sie sind verschworen zu bösen Taten und zu Bedrohlichem*
> *den sterblichen Männern zu großem Leide gesellt,*
> *bestellt als schimpflicher Werke böse Genossen.*[85]

Wer sollte dabei nicht an Frauenhass denken? Was aber hat dies alles mit der Aufgabe der Frauen und der Bevorratung an Nahrung zu tun? Worin bestehen die Übel bei so viel Schönheit? Sicher könnte man annehmen, wie in den meisten Deutungen geschehen, die Götter hätten all jene Übel in das Vorratsgefäß verpackt, die es vorher nicht gab, Sorgen und Schmerzen, Streit, Krankheit und Hunger, Leiden und Verfall, die dann beim Öffnen des Deckels freikamen. Aber was, wenn sich dort, wie in der Welt der Sterblichen üblich,

Vorräte befanden? Käme das ganze Ausmaß der Strafe, das mit dem Göttergeschenk über die Menschheit kommen sollte, nicht dann zum Tragen, wenn Pandora den Inhalt des *Pithos* verschleuderte?

Kernos-Ring unbekannter Herkunft

Ob in der Zeit Homers, der klassischen, selbst der hellenistischen Zeit gehörte die Bevorratung der Lebensmittel zur Sicherung der Lebensgrundlage aller Haushalte. Und kaum hat man in dieser Welt mit dem Inhalt der Tonkrüge, den *Pithoi*, etwas anderes verbunden als Vorräte. Ein sparsamer Umgang mit ihnen und das Wissen um ihr Haltbarmachen entschieden oft nicht nur über den Lebensstandard, sondern in schlechten Zeiten über das Überleben.[86] Die antiken Grabriten sind ein sicheres Indiz dafür, wie eng die Beziehung der Frauen zu dieser Aufgabe war. Zahlreiche Nachbildungen von Vorratsgefäßen, *Kernoi*, wurden ihnen als eines ihrer wesentlichen Attribute mit ins Grab gegeben, oder sie wurden in Frauenheiligtümern gefunden.[87] Solche Miniaturkornspeicher mögen symbolisieren, dass sie noch im Totenreich die Verstorbenen mit Nahrung versorgen. Noch heute bewahren bäuerliche Familien im griechischen Raum, auf Kreta, in Messenien oder auch auf Zypern ihre Feldfrüchte, Getreide oder Hülsenfrüchte, aber auch Wein darin auf.[88]

Kernoi, miteinander verbundene Miniaturkornspeicher, wie sie in Frauengräbern oder Frauenheiligtümern gefunden wurden

Was aber tut Pandora? Sie öffnet zur Unzeit den Deckel, anstatt ihn verschlossen zu halten und seinen Inhalt sorgsam einzuteilen.[89] Nicht eine unüberlegt neugierige Person wäre sie in diesem Fall, die nur sehen wollte, was sich im *Pithos* befand. Sie wäre eine Verschwenderin, getarnt durch betörende Schönheit, die Männer bei der Wahl der Partnerin verleitet, sie zu wählen anstelle derjenigen Frauen, die mit Vorräten hauszuhalten verstehen, Frauen, mit denen sich Zeiten des Mangels überstehen lassen. Damit offenbarte sich also weniger eine penetrante Art an Frauenhass als vielmehr eine höllische männliche Angst, in Zeiten begrenzter Ressourcen im Taumel der Hormone an eine Pandora zu geraten. Hesiod erteilt daher für diesen lebensnotwendigen Beitrag der Frauen zum gemeinsamen Lebensunterhalt den dringenden Rat, die richtige Wahl zu treffen: *Ein Mann gewinnt ja nichts Besseres als eine gute Gattin.*[90]

Selbst der Jambendichter Semonides, der mit Frauenbeschimpfungen wahrlich nicht spart, stellt Faulenzerinnen und Verschwenderinnen das Idealbild der guten und fleißigen Ehefrau gegenüber. Nach zehn Frauencharakteren – nichts Schmeichelndes, einem schmutzigen Schwein, dem herumschnüffelnden Fuchs, einem unverschämten Hund, unwilligen Eseln und diebischen Wieseln etwa, ganz zu schweigen vom angeberischen Pferd und dem widerwärtigen Affen, hebt er zu einem hymnischen Lob eines zehnten Frauencharakters an.[91] Frauen von der Art der Biene sind die besten und klügsten. Sie umgibt göttlicher Glanz, in einem Haus, in dem Frieden und Wohlstand herrscht. Denn auch sie sind wie Pandora ein Geschenk des Zeus.

Wer sie heimführt, ist glücklich.
Sie lassen des Lebens Güter blühen und gedeihen.[92]

Man kann dem Pandora-Mythos sicher die unterschiedlichsten Aspekte abgewinnen. Aber die Warnungen vor der Wahl einer »falschen Frau« und deren bedrohliche Auswirkungen, wie sie drastischer kaum formuliert werden, verweist auf das zentrale Problem:

Denn schwerlich kann ein Mann, mit einer solchen Frau vereint
den Hunger aus dem Hause treiben.[93]

Angesichts voller Supermärkte in unserem Teil der Welt fällt es zugegebenermaßen nicht leicht, sich in eine Welt hineinzuversetzen, in der ein drohender Mangel an Lebensmitteln durch schlechte Ernten zum Alltag gehörte. Der »verschlingende Hunger«, den Menschen in anderen Teilen der Welt heute noch nur allzu gut kennen, war auch den meisten Menschen dieser Zeit und ebenso ihren Dichtern präsent. Hesiod und Semonides in der archaischen und Kallimachos in hellenistischer Zeit kennen ihn alle. Der Philosoph Plutarch berichtet noch Jahrhunderte später von einem uralten Ritual, um den Hunger zu vertreiben: Ein Sklave – in Stellvertretung des Hungers – wird mit einer Weidenrute geschlagen und mit dem Ruf: *Hinaus mit dem Hunger! Herein Reichtum und Gesundheit!*, zur Tür hinausgestoßen.[94]

In der »Odyssee« sind es ältere vertrauenswürdige Frauen, die *Tamiai*, die – anders als Pandora – als Wächterinnen der Vorräte Getreide, Wein und Öl unter Verschluss halten und zum Verbrauch herausgeben.[95] In einem jüngeren Mythos erhält diese Aufgabe überhöhte, fantastische Züge. Durch den Dichter Lykophron erfahren wir von drei Töchtern des Königs von Delos, den *Oinotropoi*. Die Vorräte, die die jungen Frauen, *Oino* (das Weinmädchen), *Spermo* (das Kornmädchen) und *Elais* (das Ölmädchen), verwahren, sind identisch mit denen, die auch die *Tamiai* verwahrten. Apollodors »Mythologischer Bibliothek« zufolge erhielten die *Oinotropoi* vom Weingott Dionysos sogar die Fähigkeit, *aus der Erde Öl, Getreide und Wein hervorzubringen*. Der Heerführer der Griechen, Agamemnon, schätzte diese Fähigkeit denn auch als so ›kriegswichtig‹ ein, dass er sie gegen den Willen ihres Vaters zur Begleitung des griechischen Heeres nach Troja zwang. Sie sollen dort die Vorsorgung des Heers der Griechen für die Zeit des Krieges übernommen haben.[96]

Lagerhaltung in nachmythischer Zeit als Teil der Oikonomia

In klassischer Zeit gewinnt die Aufgabe des Beaufsichtigens und Einteilens der Nahrungsvorräte in Debatten über die Aufgabenteilung zwischen Frauen und Männern und die damit verbundene Frage nach der Natur der Geschlechter eine besondere Aufmerksamkeit. Eine Gottheit – jedenfalls nach den Vorstellungen des »Oikonomikos« Xenophons – hat die Natur der Frauen so gestaltet, dass sie sich für das Bewachen der Vorräte besonders eignen. Diese Aufgabe wird jedoch mit demselben Begriff »*phylattein*« bezeichnet, der auch für die Stadt bewachende Soldaten verwendet wird. Aber mit einer ängstlicheren Psyche allein, wie sie nach Xenophon die Frauen besitzen und sie für ihre Aufgabe geeigneter machen soll, ist es nicht getan. Es gehörten nicht nur gute Absichten, sondern beträchtliche Erfahrung und umfangreiche Kenntnisse dazu, die entsprechenden Mengen an Lebensmitteln in größeren Haushalten über längere Zeit zur Verfügung zu halten.

In jenem sokratischen Dialog, den Xenophon in seinem »Oikonomikos« berichtet und in dem er sich bemüht, die Haushaltsführung, *Oikonomia*, als eine Wissenschaft, als eine *Techne*, zu etablieren, werden wir detaillierter über diese Frauendomäne informiert.[97] Der Autor schreibt dort der Vorratshaltung Elemente zu, die wir heute als Kalkulation und Planung verstehen. Während jedoch bis in die klassische Zeit, aus der diese Schrift stammt, der Begriff *Oikonomos* Frauen bezeichnete, die dafür verantwortlich waren, das Haus zu leiten,[98] findet sich hier nun eine männliche Person, Ischomachos, der im Gespräch mit Sokrates über die Haushaltsführung am besten Bescheid weiß und in einer Zeit vermehrter ›Verwissenschaftlichung‹ seine junge Frau belehrt. Wir stehen damit im Zuge der schriftlichen Erfassung von Wissen dem Phänomen gegenüber, dass etwas im männlichen Besitz erscheint, was im Grunde Bestandteil weiblicher Kenntnisse war. Denn es gibt durchaus Hinweise in antiken Schriften, dass Frauen nicht nur Erfahrungen und Wissen besaßen, sondern es auch über die Haushalte hinaus unter Frauen weitergaben. Nur ist von ihnen selbst bedauerlicherweise nichts detailliert Schriftliches erhalten. So behelfen wir uns eben doch mit diesem Text, der mehr ins Detail geht, als alles andere, was wir haben, und ziehen daraus Schlüsse.

In größeren Haushalten entsprechende Mengen an Lebensmitteln, insbesondere die Getreidevorräte, für längere Zeiträume einzuteilen, um Mangelsituationen zu vermeiden, erforderte vorausschauendes Planen und sorgsames Einteilen, der Verbrauch musste möglichst akribisch vorausberechnet werden. Nicht umsonst spricht Xenophon in diesem Zusammenhang von *Taxis* und *Akribeia*, der Ordnung und der Sorgfalt bei der Lagerhaltung.[99] Zwar konnte zur Not auf dem Markt etwas hinzugekauft werden, aber die Preise stiegen auch schon damals mit der Nachfrage.

Hinzu kam, die Lebensmittel möglichst verlustfrei zu lagern. Dazu mussten die Frauen die geeigneten Plätze auswählen. Nicht nur in größeren Häusern mit mehreren Vorratsräumen mussten sie wissen, ob etwas besser dunkel oder hell, trocken oder feucht aufzubewahren war. So wurde das Getreide im trockensten Raum gelagert und der Wein im kühlsten. Diese *Dynamis* des Hauses, also seine Beschaffenheit, musste die Hausfrau kennen und bei der Lagerung der Vorräte entsprechend nutzen. Denn nur so sicherte sie deren lange Lebensdauer.[100]

Wir wissen nicht, aus wie vielen Personen der Haushalt bestand, von dem im »Oikonomikos« die Rede ist, wie viele Familienangehörige und Sklaven und Sklavinnen hier mitzuzählen wären. Aber nehmen wir die fiktive Zahl von 30 Personen an, die mit Essen, aber auch mit allem anderen zu versorgen waren. Zwar hinkt der Vergleich mit einem Bienenstaat, der in der Antike so beliebt zu sein scheint. Aber dass die Hausherrin – wie eine Bienenkönigin – schon *das ins Haus Gebrachte entgegennehmen,*[101] also eine Art Eingangskontrolle vornehmen soll, lässt ein anschauliches Bild ihrer Aufgabe entstehen. Welche Bedeutung ihr zugesprochen wurde, wird im Bild vom Gefäß mit Löchern anschaulich gemacht, einer Metapher, die in den Haushaltslehren und Ökonomiken späterer Jahrhunderte immer wieder Anwendung findet. Das Einbringen von Gütern werde lächerlich, erklärt Ischomachos, *wenn nicht jemand da wäre, der das Eingebrachte bewahrte. Siehst du nicht, ... wie diejenigen bedauert werden, die dem Mythos zufolge Wasser in das durchlöcherte Faß schöpfen, weil sie sich offensichtlich vergeblich abmühen?*[102] Wenn also die Hausfrau – Pandora lässt grüßen – die Ressourcen verschleudert.

Im Vergleich einer Frau mit einer Biene steht zudem anders als in der archaischen Lyrik die nötige veritable Sachkenntnis im Vordergrund. Um die Planung zu erleichtern und eine bessere Übersicht zu ermöglichen, werden die Vorräte für ein Jahr in Monatsrationen aufgeteilt. *Denn so bleibt weniger verborgen, wie es zum Ende ausgehen wird.* Wenn *die Zeit zum Gebrauch gekommen ist,* soll die Hausfrau dann das, was *verwendet werden muß, austeilen.* Die Zuteilung soll planvoll und überlegt erfolgen, denn, so fährt der schon erwähnte Ischomachos fort: ... *was aber übrigbleiben muß, das hast du im voraus zu bedenken und zu bewachen, damit nicht der für ein Jahr bestimmte Vorrat in einem Monat verbraucht wird.*[103] Teil der Sorgfalt, der *Akribeia*, die von der Hausfrau verlangt wird, ist zudem eine zahlenmäßige Erfassung und schriftliche Aufzeichnung der Bestände. So werden etwa wertvollere Gerätschaften für die Bewirtung von Gästen, als sie der Verwalterin übergeben werden, gezählt und aufgeschrieben.[104]

Wie groß der Anteil an Schriftlichkeit bei der Verwaltung eines größeren Gutes tatsächlich war und welchen Anteil Frauen daran hatten, ist kaum statistisch zu erfassen. Wenn Platon in seinen »Gesetzen« jedoch von der Rechenkunst spricht, die für die Haushaltsführung ebenso essenziell wie für die Führung des Staates ist,[105] scheint es denkbar unwahrscheinlich, dass damit nicht auch Frauen – zu großen Teilen für die Haushaltsführung verantwortlich – gemeint sein sollten. Nicht nur rudimentäre Kenntnisse in Rechnen, Lesen und Schreiben lassen sich bei Frauen der besser gestellten Schichten immerhin auch deshalb vermuten, weil Ischomachos seiner Frau die Notwendigkeit einer ordnungsgemäßen Lagerhaltung mit der Stellung der Buchstaben im Wort »Sokrates« begründen kann. Dort stünden die Buchstaben, so seine Argumentation, ja ebenso wenig an beliebiger Stelle, wie dies bei der Verwahrung von Gebrauchsgegenständen und Lebensmitteln der Fall sein sollte. Wenn jemand die Schriftzeichen kenne, wisse der oder die sehr wohl, wie viele das Wort enthält, und natürlich auch, an welcher Stelle jeder einzelne zu stehen habe.[106] Vielleicht können wir uns die junge Gattin des Ischomachos, deren Name bedauerlicherweise nicht genannt wird, ähnlich wie die Dame mit einer Schriftrolle in der Hand vorstellen, die auf einer *Lekythos* aus der Zeit der Entstehung des »Oikonomikos« abgebildet ist.[107]

Als Muse deutete man sie wohl deshalb, weil der Bildungsstandard der antiken Griechinnen häufig als relativ gering eingeschätzt wurde. Es wurde und wird beklagt, dass sie keine formale schulische Ausbildung erhielten. Intellektuelle Leistung wird viel zu oft lediglich den wenigen, an einer Hand abzuzählenden Dichterinnen und Philosophinnen zugestanden. Abgesehen davon, dass auch die Mehrheit der männlichen Kinder und Jugendlichen kaum mehr als einen bloßen Elementarunterricht im Rechnen und Schreiben erhielten,[108] ist auch eine Vorstellung von Bildung, wie sie heute verstanden wird, den antiken Gegebenheiten kaum angemessen.

Vom Zugriff auf die ›Staatskasse‹ und die Schlüssel zu Vorratskammern

In Athen bot die Binsenweisheit, Frauen übten sich in einem planvollen und vor allem sparsamen Umgang mit den Vorräten, Anlass genug, um auf der Bühne ein satirisches Feuerwerk zu entfachen. In seinen »Frauenkomödien« setzt der Dichter Aristophanes zur beißenden Kritik an der desolaten Lage der Stadt an. »Die Frauen in der Volksversammlung« stellen ihre Talente gegen das Missmanagement der Männer, die die Stadt miserabel und verschwenderisch verwalten. Sie übernehmen die Staatsgeschäfte, da sie, so die einleuchtende Erklärung, ja auch sonst in den Häusern die Aufseherinnen und Verwalterinnen, *Epitropoi und Tamiai*, seien.

Das Idealbild der sparsamen Hausfrau – ganz anders als Pandora, die den Deckel des *Pithos* öffnet – bietet sich auf der Bühne bei zerrütteten Staatsfinanzen geradezu als Reparaturmechanismus an. Man könnte sogar meinen, Aristophanes gingen die Einfälle aus, wenn er in einer weiteren Komödie, der »Lysistrata«, mit den gleichen Argumenten operiert. Auch hier nehmen die Athenerinnen durch den Zugriff auf die ›Staatskasse‹ Einfluss auf politische Entscheidungen und verlassen sich klugerweise nicht allein auf den Plan, die Männer mit einem Sexstreik zur Beendigung des Krieges zu zwingen, der als Peloponnesischer Krieg zwischen Athen und Sparta und ihren jeweiligen Verbündeten in die Geschichtsbücher eingegangen ist. Mit kleineren Unterbrechungen dauert er bei Aufführung der Komödie schon an die dreißig Jahre.[109]

Als sie die Schätze der *Polis* auf der Akropolis hinter Schloss und Riegel bringen, sichern und verwalten sie diese auch hier anstelle der Männer. Und sie berufen sich wie üblich darauf, in den Häusern die Verwalterinnen der gesamten Güter zu sein. Die Athener mögen über die Schauspieler, die als Frauen verkleidet, die *Polis* retten, auch lauthals gelacht haben. Funktionieren aber konnte der Rollentausch auf der Bühne nur, wenn man die tatsächlichen Kompetenzen der Frauen dafür spielerisch einsetzen konnte.

Weniger für diese Kompetenzen als vielmehr für die Autorität und die Kontrolle, die mit ihnen verbunden sein konnten, gilt ein Symbol, mit dem ebenfalls die Komödie spielt: der Schlüssel. Er steht für die Möglichkeit des jederzeitigen Zugriffs auf gelagerte Werte in Vorratskammern, Truhen und Kästen. Die Verkehrung der Kontrollmöglichkeiten war ebenfalls beliebter Stoff für Spott und Sticheleien. Bevor sich in Aristophanes' Komödie »Die Frauen beim Thesmophorienfest« der Gold- und sonstiger Vorräte auf der Akropolis bemächtigen, haben sich die Männer in den Besitz diverser Schlüssel zu den Vorratskammern in den Häusern gebracht. Eine doppelte Verkehrung! Es sind neue Schlüssel, *bösartige lakonische mit drei Zähnen*, die man nicht so leicht nachmachen kann. Und so bleiben die Akropolis vor den Männern, die Vorratskammern aber vor den Frauen verriegelt. Dieser Verlust ihrer ›Hoheitsrechte‹ fordert unmittelbar ihren Protest heraus, da sie gehindert sind, ihren alltäglichen Arbeiten nachzugehen. Man hindere sie, das zu tun, was sie immer getan haben, nämlich über *Getreide, Öl, Wein* zu verfügen. Dass die Männer die neuen Schlüssel, sogar *wurmzerfressene Riesensiegel*, heimlich bei sich tragen, wurde sicher als Hinweis verstanden, dass sie sich ihrer unrechtmäßigen Okkupation bewusst waren und eine Rückeroberung der ›Schlüsselgewalt‹ durch die Frauen befürchteten. [110]

Denn solche Schlüssel in der Hand der Männer sind zu dieser Zeit so unüblich, wie es schon Jahrhunderte vorher war, in der Zeit, die die homerische »Odyssee« schildert. Penelope wäre es befremdlich erschienen, hätte jemand vor ihr die Vorratskammern verriegelt. Sie nimmt den *Schlüssel, den gutgebogenen … den schönen, ehernen* –

und ein Griff von Elfenbein war (ist) an ihm – und macht sich mit ihren Dienerinnen zu dem Raum auf, *in dem die Schätze lagern.* Dort befinden sich neben den Lebensmittelvorräten und Wein auch die Waffen, darunter der kostbare Bogen des Odysseus.[111] In den »Charakteren« des Philosophen Theophrast wird der »Misstrauische« eben deshalb zur Karikatur, weil er ständig meint, seine Frau überprüfen zu müssen und so gar nicht mehr zum Schlafen kommt. *Während er schon im Bett liegt,* fragt er sie:

ob sie die Geldtruhe verschlossen habe,
ob der Becherschrank versiegelt und der Riegel vor das Hoftor gelegt sei,
und wenn sie das bejaht, erhebt er sich dennoch nackt vom Lager,
und barfuß, mit der Laterne in der Hand,
läuft er überall umher und sieht nach,
und auf diese Weise kommt er kaum zum Schlafen.[112]

Männer, die einen weniger ausgefallenen Charakter hatten, werden sich wohl damit zufriedengegeben haben, dass ihre Frauen Schränke und Truhen verschlossen. In den »Frauen beim Adonisfest« Theokrits stört es den Ehemann der Gorgo, eine Frau im ptolemäischen Alexandria, keineswegs, dass sie den Schlüssel zur großen Haustruhe, einer *Larnax*, verwahrt.[113] Dass dies Normalität war, zeigen unterschiedliche Mythen, in denen Frauen über längere Zeit Gegenstände oder Personen in Truhen verstecken konnten, wie die Göttin Aphrodite den Adonis, die Nemesis das Ei, die Mutter des Meleager den Tod bringenden Holzscheit.[114]

Das Trocknen der Linsen und Einsalzen der Oliven

Zwar hat Griechenland nicht mit allzu langen Perioden zu kämpfen, in denen nicht geerntet werden konnte. Dennoch mussten Frauen über detailreiches Wissen zur Konservierung verfügen. Hülsenfrüchte und Brotgetreide durch Rösten vor Schimmel oder ähnlichen Schäden zu bewahren, Früchte, Pilze, Kräuter und Gemüse zu trocknen, einzusalzen, in Öl oder Essig einzulegen oder Früchte zu trocknen oder in Honig zu konservieren, waren gängige Methoden. Das Einsalzen der Oliven gehörte zum Alltag, und insbesondere das

Trocknen zu Zwecken der Konservierung ist eine der ältesten Methoden der Bevorratung. Sie ist dazu eine sehr schonende Methode, weil kein hohes Erhitzen erfolgt und damit manche Vitamine erhalten bleiben. Auch wenn den Griechinnen Vitamine noch nicht bekannt waren, beherrschten sie sicher jene Methoden, die Nikandros aus Kolophon in seinem »Landleben« schildert. Zuerst an der Luft oder vorsichtig über dem Feuer getrocknet – später in Vorratskrüge gefüllt – halten sich Früchte, ob Kürbisse oder Melonen, Feigen, Aprikosen, Äpfel, Birnen und Weintrauben monatelang.

Kürbisse schneide in Stücke und reihe sie auf an der Leine,
trockne sie so an der Luft und dann hänge sie über das Feuer,
dass deine Sklaven im Winter genug in die bauchigen Krüge füllen
und später verzehren.
Dort wird auch die Sklavin mahlend in Maßen noch Erbsen von
allerlei Herkunft dazutun.
Da hinein gaben sie Scheiben von Kürbis – ganz gründlich gereinigt –
Pilze dazu sowie Fäden mit ehemals getrockneten Kräutern.[115]

Es befände sich allerdings ein riesiges Durcheinander in diesem Krug, nähme man diese Verse wörtlich. Vielleicht hat Nikandros seiner Frau nicht richtig zugesehen oder sie falsch verstanden, als sie ihm ihre Methoden erklärte. Dagegen hat Dioskurides, der Arzt und Pharmakologe, sicher genau hingehört. Er hat mit seinen Informationen, die er auf seinen Reisen in römischen Diensten sammelte und in seinem Pflanzen- oder Arzneimittelbuch aufzeichnete, einen veritablen Schatz an Wissen hinterlassen. Da er überall Frauen befragte, bietet er nicht nur Einblicke in die pharmakologischen und medizinischen Kenntnisse der damaligen Zeit, sondern auch eine Fülle an Methoden des Haltbarmachens von Körnern, Kräutern und Früchten.[116]

Kräuter etwa, schreibt er, werden in Büscheln zusammengebunden und an schattigen Plätzen getrocknet, später dann als Gewürze oder für Tees verwendet. Sie konnten, eingesalzen oder in Öl oder Zitronensaft eingelegt, für längere Zeit aufbewahrt werden. Bestimmte Sorten Wurzelgemüse, die zwar auch roh oder gekocht gegessen wurden, hielten sich in bestimmten Erden oder getrocknet über längere Zeit. Die Wurzeln der Schlangenwurz etwa, die bei Atemnot, Tremor, Krämpfen, Husten und Katarrh helfen sollten und deren weintraubenartige Früchte eine Fehlgeburt bewirken konnten, wurden nach dem Ausgraben gewaschen, in Stücke geschnitten, in Leinen eingewickelt, im Schatten getrocknet und als Gemüse gegessen. Die efeuähnlichen, weiß gesprenkelten Blätter der Pflanze eigneten sich zudem gut dazu, Käse einzuwickeln, damit dieser lange frisch blieb.[117]

Getreide wurde – wenn nicht im Haus selbst aufbewahrt –, so wie es der Pandora-Mythos thematisiert, in großen Tonkrügen, den *Pithoi*, umgeben von Stroh, in die Erde versenkt. Theophrast erwähnt in seiner »Geschichte der Pflanzen« eine besonders geeignete Erde aus Olynthos oder von Kerinthos auf Euböa, um die Krüge in ihr zu lagern. Es wurde zudem empfohlen, die Behälter mit wildem Oregano zu umgeben.[118]

Die Feinheiten der Konservierung von Hülsenfrüchten, wie sie später der römische Schriftsteller Plinius und der Agrarschriftsteller Columella beschreiben, werden den antiken Griechinnen nicht unbekannt gewesen sein. Denn schon Theophrast schreibt, dass Linsen – vermutlich durch den Befall mit Schimmelpilzen – ungenießbar werden konnten, was durch Rösten weitgehend verhindert wurde.[119] Während Plinius das Rösten empfiehlt, um sie danach mit Kleie zu mixen und zu stampfen, informiert Columella detailliert über eine aufwendige Prozedur. Nach dem Dreschen würden Linsen in Wasser eingeweicht, danach in der Sonne getrocknet und mit einem heute nicht mehr bekannten Gewürz, das er Silphium nennt, vermischt. Später seien die Linsen in Essig zu geben und wieder in der Sonne zu trocknen. Erst danach könnte man sie zur Aufbewahrung in mit Gips abgedichtete Krüge geben. Plinius und Columella erwähnen nicht, wer zu ihrer Zeit diese Arbeiten verrichtete. In der attischen Komödie jedenfalls, wenn Getreide oder Hülsenfrüchte geröstet werden, tun dies die Frauen. Der Chor in der Komödie »Der Frieden« gibt die Anweisung:

> *… röste, Frau, drei Maß*
> *von den Bohnen und mische*
> *Weizen darunter, und lese die Feigen aus.*[120]

Insbesondere das Rösten des Getreides, das zum Verzehr bestimmt war, das Brotgetreide, hat ganz selbstverständlich zum Alltag der

Frauen gehört. So berichtet der Historiker Herodot von einer Weissagung des athenischen Sehers Lysistratos. Man hatte zuerst nicht verstanden, was er meinte, als er davon sprach, dass *Kolias' Frauen [...] dereinst mit Rudern die Gerste* rösten würden. Erst nach der gewonnenen Seeschlacht von Salamis gegen die Perser, als auf dem Meer Wracks der zerstörten Schiffe trieben, erinnerte man sich: Schiffsplanken und Ruder, an Land getrieben, verwendeten die Frauen nun tatsächlich als Brennholz zum Rösten der Gerste.[121]

Wie Schlüssel in der Hand der Frauen nicht immer nur Vertrauen einflößten, barg auch ihre Zuständigkeit für das Brotgetreide gewisse Gefahren. Das Erhitzen macht die Körner zwar haltbar, wollte man sie verzehren, als Saatgut aber sind sie danach unbrauchbar, da sie nicht mehr keimen. Das nutzte einem Mythos zufolge Ino, die Frau des Herrschers von Böotien, in ihrer Eifersucht auf die Kinder der ersten Frau ihres Mannes. Sie soll andere Frauen überredet haben, auch den Weizen, der für die nächste Aussaat vorgesehen war, zu rösten. Sie vernichtete dadurch das potenzielle Brotgetreide, das mit der neuen Ernte zu erwarten war, und durchbrach so eine wichtige Kette der eigenen Versorgung, da der Anteil, der zum Aussäen hätte dienen können, nicht keimte.[122]

Die Welt der Töpfe und Pfannen

Um die unterschiedlichsten Lebensmittel haltbar zu machen, aufzubewahren und zuzubereiten, benötigten die Frauen nicht nur das entsprechende Wissen, sondern auch die vielfältigsten Gefäße und Gerätschaften. Archäologische Funde unterrichten uns über vieles. Terrakottastatuetten aus Frauengräbern zeigen Frauen beim Kneten von Teig, kochend vor einem Topf, der auf dem Feuer steht, mit dem Ausrollen von Teig beschäftigt oder vor einem Backofen kauernd. Ausgrabungen in Wohngebieten brachten zudem eine beträchtliche Anzahl unterschiedlichster Gefäße zum Rösten, Backen, Kochen, Schmoren, Braten, aber auch Grillen – Grillgitter etwa, die sich nur dem Material nach von unseren heutigen Grillgeräten unterscheiden – zutage.[123] In der Regel sind die Gefäße aus Ton, der – gebrannt – hohe Temperaturen verträgt, ebenso wie die Backöfen oder die Dreifüße oder Becken, auf denen sie platziert werden konnten.

Frau vor einer Tonschale und Mörser, um Getreide und Hülsenfrüchte zu mahlen

Flache Schalen oder zugerichtete Steine dienten zunächst dazu, mit Mahlsteinen oder Mörsern die Getreidekörner für das Hauptnahrungsmittel Brot oder auch Hülsenfrüchte zu mahlen. Die kleinen Figürchen der weiblichen Terrakotten, wenn auch sehr schlicht in der Form, deuten dennoch an, welch beträchtlicher Kraftaufwand hierfür notwendig war. In den begüterten Häusern der homerischen Epen verrichten meist Dienerinnen solche Tätigkeiten, oft ist die Anzahl 50 genannt, um eine große Dienerschaft anzudeuten. Im Haus der Phaiaken, der Königin Arete und des Alkinoos, das den umherirrenden Odysseus aufnimmt, mahlen sie *mit der Mühle die apfelfarbige Feldfrucht*. Die so hergestellten Mehlsorten wurden, wenn nicht unmittelbar zur Verarbeitung vorgesehen, in Tonkrügen aufbewahrt, sortenrein oder für manche Zubereitungen aus verschiedenen Getreidesorten gemischt. Die Mischung des Mehls war für das gewünschte Ergebnis offenbar überaus entscheidend, denn Ischomachos rät in Xenophons »Oikonomikos« seiner jungen Frau, sie selbst herzustellen und diese Arbeit nicht etwa Sklavinnen zu überlassen.[124]

Utensilien zum Mahlen von Getreide

Welche Kraft das Kneten des Teigs im Anschluss erforderte, werden sicher nur jene nachempfinden können, die es einmal selbst mit einer größeren Menge versucht haben. Ischomachos empfahl es seiner Frau jedenfalls als Training, um möglichst lange einen schönen Körper zu behalten. Wie der Teig danach auf entsprechend geformten Unterlagen, oft mit Rand versehen, flach ausgerollt oder zu länglichen und runden Laiben, flachen Fladen und verschiedenen anderen Formen modelliert wurde, zeigen uns wieder einige Terrakottafiguren.

Schüsseln zum Anrühren und Kneten von Teig

Vieles mochte im Freien zubereitet worden sein. Transportable Holz- oder Kohlebecken wie auch kleine Backöfen machten es möglich, Brot oder Backwaren, wie in der Komödie »Die Wespen« angedeutet, direkt auf dem Marktplatz, der *Agora*, herzustellen – frisch für den Verkauf. Selbst der Teig wurde möglicherweise dort geknetet, da sich eine aufgebrachte Brotverkäuferin lautstark empört, ein besonders rüpelhafter Besucher habe ihren Teigtrog zu Feuerholz zerschlagen. Ihre Teigschüssel oder ihr Backtrog musste demzufolge wohl aus

Holz gewesen sein. Anders als Tongefäße, manchmal in angenehmer Arbeitshöhe auf stabilen Standbeinen, haben sich die aus Holz nicht erhalten.

Zwei Frauen beim Kneten und Formen von Teig

Eine vom Ort unabhängige Art des Backens war auch die mit Backhauben. Bis in die Sechzigerjahre des letzten Jahrhunderts wurde auf dem Balkan Brot auf diese Weise gebacken. Auf Steinboden, der von Staub und Schmutz gesäubert wurde, entfachte man ein Feuer, über das glockenartige Deckel gestülpt wurden.

Links: Transportabler Backofen mit Holz- oder Holzkohlebecken; rechts: Backhaube aus Ton

Wenn Steine und Backhaube ausreichend erhitzt waren, fegte man die Glut zur Seite und legte Brote oder andere Backwaren auf den heißen Untergrund. Die heißen Hauben über das Backgut gestülpt und die Glut über die Abdeckungen gehäuft, genügten zum Garen der Brote.

Ob die weibliche Tonfigur neben ihrer Dienerin in einer häuslichen Umgebung oder im Freien vor einem über dem offenem Feuer stehenden Topf sitzt, lässt sich aus der einfachen Gestaltung der Figur nicht ohne weitere Attribute ersehen. Die Frau beaufsichtigt aber offenbar das Feuer, legt wohl immer wieder Holz nach und scheint auf das Kochgut, vielleicht eine der oft erwähnten Suppen, zu achten. Die Haltung ihres rechten Arms und die Fingerstellung lassen vermuten, dass sie gerade vorhat, dem Inhalt des Topfs etwas hinzuzufügen. Möglicherweise will sie die Dienerin mit ihrem Griff nach dem Arm der Herrin daran hindern, zu viel von der Substanz – vielleicht an Salz, das eine große Kostbarkeit war – in die Suppe zu geben.

Frau auf einem Hocker, vor einem Topf über dem Feuer, neben ihr eine Dienerin

Alle jene Gefäße, mit denen die Griechinnen hantierten – ob archäologische Funde, Abbildungen oder nur Beschreibungen –, haben für uns heute wie die eigenen Gebrauchsgegenstände des Alltags einen rein profanen Charakter. Vielleicht berühren sie uns noch wegen ihrer Schlichtheit und ihres hohen Alters. Für die antike griechische Kultur aber waren sie zugleich Zivilisationsmerkmale, wie der französische Kulturanthropologe Claude Levi-Strauss in den 1960er-Jahren feststellen konnte. Ausgewählte Exponate galten als Symbole für den Schritt der Menschheit von der Gepflogenheit, Nahrung roh zu verzehren, zu der, sie zu kochen oder auf andere Weise der Hitze des Feuers auszusetzen. Folgt man seiner Analyse, wie er sie in seiner Studie »Das Rohe und das Gekochte« darlegt, so besäßen diese Utensilien zum Garen der Speisen eine geradezu kulturtragende Eigenschaft.

Und tatsächlich fungieren einige von ihnen bei Hochzeitsritualen als wichtige Symbolträger. Sie werden Bräuten zum Zeichen dafür anvertraut, dass sie mit der Hochzeit und dem Einzug in das Haus des Bräutigams nun die Funktion der Hausherrin übernehmen. Die auf vielen Vasenbildern dargestellten feierlichen Hochzeitsrituale weisen jedoch darüber hinaus. Mit dem Moment, in dem die Braut an den Herd ihres neuen Heims geführt wird, den sie dreimal umrundet, war mehr als nur dies verbunden.

Die Göttin Hestia beim Empfang der Braut am Herd

Es ist die Göttin des Herdfeuers, Hestia, die Tochter der Rhea und des Kronos, die sie an diesem auch religiösen Mittelpunkt des Hauses empfängt. Hier konzentriert sich jene Kraft, die die Speisen verändert, verwandelt und zu einem Zeichen der Zivilisation veredelt. Die diversen Utensilien, die diese Metamorphose erfordert, geben die Vasenbilder in ihrer Arbeitsumgebung wieder. Pfannen zum Rösten von Getreide hängen an der Wand, ein Kind hält ein Sieb, der Stampfer eines Mörsers hängt vor dem Hochzeitszimmer an der Tür. Im Laufe ihres Lebens werden die Frauen sie nutzen und an ihrem Lebensende begleiten diese Geräte sie ins Grab. Aus diesen haben Archäologen sie geborgen, so dass sie uns noch heute ihre Geschichten erzählen können.

Kochkunst, Feste und Gastmähler

Was entstand nun aus den umsorgten Vorräten und welche Gerichte wurden in den zahlreichen Gefäßen zubereitet? Frauen vor allem der ärmeren Schichten werden kaum jeden Tag ein Festmahl gezaubert haben. Es waren die häufigen Feste, ob bei Familienfeiern, bei Hochzeiten oder Feiern zur Geburt eines Kindes, bei städtischen Festen, bei Symposien oder einem Mahl zur Begrüßung von Gästen, an denen opulente Gastmähler mit unterschiedlichsten Köstlichkeiten stattfanden.[125] Die Komödien der klassischen Zeit erlauben einen wenn auch nur flüchtigen Blick in die Küche ihrer Zeit, wie sie sich in einer festlichen und üppigen Bewirtung von Gästen darstellte. Sie schildern ausgiebig Schlemmereien, als wollten sich die Autoren selbst beim Schreiben an ihnen ergötzen.[126] Vermutlich hat gerade der Widerspruch der einfachen Alltagsernährung zur kurzzeitigen Üppigkeit der Feste eine Vorfreude erzeugt, die manche wochenlang in Erwartung von Fleisch-, Fisch- und Gemüsegerichten, unterschiedlichsten Brot- und Kuchensorten träumen ließ.

In der Komödie »Die Frösche« befinden sich der Weingott Dionysos und sein Sklave Xanthias, dieser aus unbekannten Gründen als Herakles verkleidet, auf einer Reise und werden an ihrem Ziel üppig bewirtet. Dass sie sich auf dem Weg in die Unterwelt befinden – sie wollen die jüngst verstorbenen Dichter Aischylos und Euripides von dort zurückholen –, steigert nur das Überraschungsmoment. Als sie an das Tor des Hades klopfen, treffen sie nun keineswegs, wie erwartet, auf gefährliche Dämonen. Stattdessen öffnet ihnen eine hübsche Dienerin, die sich vor allem freut, den vermeintlichen Herakles begrüßen zu können. Ihre Herrin, die Göttin Persephone, so erklärt sie, habe sofort begonnen, Weizenbrot zu backen, als sie von den Besuchern hörte. Und da Herakles der Ruf vorauseilt, große Mengen an Speisen geradezu verschlingen zu können, habe sie gleichzeitig mehrere Töpfe Erbsenbrei vorbereitet. Außerdem sei die Göttin dabei, einen ganzen Ochsen am Spieß zu braten, so wie es die Helden in homerischer Zeit oft getan haben. Überdies erwarte die Gäste Kuchen, eine Art Strudel, den sie in den Ofen zu schieben beabsichtigte. Auf gar keinen Fall, beteuert die Dienerin, werde sie Herakles – hungrig wie er sicher sei – wieder gehen lassen. Sogar Geflügel habe Persephone gebraten, Knabberwerk und Nüsse geröstet und dazu süßen Wein bereitgestellt. Der Göttin geht bei diesem opulenten Mahl sogar ein für die griechische Welt selten erwähnter Koch, ein *Mageiros*, zur Hand, der gerade den Fisch auf den Grill legt.

Grill und Grillpfanne

Niemand aber sollte vermuten, diese Speisenvielfalt wäre nur in der Götterwelt üblich. Im Ausmalen familiärer oder städtischer Feste überbieten sich die Komödienschreiber in Katalogen ausgefallener Gerichte. Die Namensgebung für ein Neugeborenes war so ein freudiger Anlass, um Nachbarn und Verwandte zu einem Festmahl zu bitten. Und so fragt sich in einer Komödie ein Besucher, der schon die verführerischen Düfte erwartet, als er sich dem Haus nähert, ob ihn denn diesmal seine Nase trügt. Es hängt kein Kranz vor der Tür, der das Fest anzeigt, und nicht der leiseste Hauch von Essbarem ist wahrzunehmen. Es wird ihm also all das entgehen, was er sich so sehr erhoffte: Eine Menge ungemischten Weines, gerösteter Käse vom Chersonessos, geschmorte Hammelbrüstchen und Ringeltauben, Drosseln und Finken, gerupft und gebraten. Üblicherweise wären zudem Sardinen und Tintenfische, dessen Polypenarme man kräftig durchwalkte, serviert worden. Der Gemüsekohl, in Öl gedünstet, hätte ebenfalls zum üblichen Repertoire gehören können, der ansonsten vor allem aber als Kräftigungsmittel für die Wöchnerin diente. Tief enttäuscht ob dieses Verlusts, muss der Besucher nun auf die nächste Gelegenheit warten.

Beinahe überfordert es die Aufnahmekraft, wenn in zahllosen Komödienfragmenten von Milchferkeln und Hasen in fein gehacktem Koriander und lieblichem Hasenpfeffer die Rede ist, von Kaldaunenwürsten, zarten Kichererbsen und Bohnen, von scharfen, mit Senf gewürzten Speisen, die man zu der Zeit liebt wie die Schärfe des Meerrettichs und das Bittere der Kresse. Als besondere Delikatessen lobt man Fleischstückchen in scharfen Soßen, serviert in kleinen Schalen. Epicharmos schwärmt in »Die Frau aus Megara« von Wurst, kleinen Käsestücken, von Keulen und Rückenstücken, und nicht der Philosoph, sondern der Komödiendichter Platon fragt in »Die Feste«, woher denn all das Fladenbrot und die köstlichen Desserts stammen. Im »Greifen« scheint Platon von Fischen und Würsten zu träumen, wie Eupolis im »Autolykos« von Schenkeln und Keulen. In Platons, diesmal des Philosophen, Dialog des Sokrates mit Glaukon ist die Rede von Oliven und Käse, Zwiebeln und Kohl, ebenso von Desserts, Feigen, Myrtenbeeren und in Asche gerösteten Kastanien. Salz gilt dabei als außergewöhnliche Zutat. Selbst der Dramendichter Euripides wird ausschweifend angesichts einer Vielzahl unterschiedlichster Fleischsorten, inklusive der Keulen junger Rehe. Und Aristophanes erfreut sich in den »Tafelgästen« an Schenkeln von Ziegenböcken und Zicklein, zarten Ferkelschinken und Geflügel, während Antiphanes seinen Helden im »Georgos« behaupten lässt, er zitiere Verse des Dramendichters Sophokles:

> *Zu allererst bekomme ich begehrtes Gerstenbrot, das ja die lebensstiftende Göttin dem Menschen zum Ergötzen schenkt, sodann geschmorte zarte Ziegenschenkel, Fleisch von frisch geborenen Tieren, eingepackt im Kräuterkleid.*[127]

Bei den geschilderten Festmählern wäre es ein Fehler, die religiösen Feiern außer Acht zu lassen, als Stadtfeste für alle, teils sogar unter Beteiligung der Sklaven gefeiert, oder Feste, die jeweils Männer und Frauen getrennt begingen. Mit heutigen Maßstäben von religiösen Festen ist dieser antiken Form der Kommunikation mit Gottheiten kaum nahezukommen. Sie wären auch nichts für empfindsame Gemüter oder gar für Vegetarier gewesen. Hier stand der Verzehr von Tieropfern ganz im Zentrum. Im Anschluss an die Opferung für Göttinnen wie Götter fand in der Regel die Verteilung und Zubereitung des Fleisches bei zeremoniellen Mahlzeiten statt. Für die jährlich in Athen stattfindenden kleinen Panathenäen, das Fest zu Ehren der Stadtgöttin Athene, oder das Fest des Dionysos sind Bewirtungen in Inschriften festgehalten. Es bot sich hier einmal im Monat – mit Ausnahme von Oktober/November – der Anlass für ein großes Schlachtfest, für das die Stadt die Kosten trug, mit anschließendem gemeinsamem Mahl.

Beim Fest der Thesmophorien für die Göttin Demeter, der Göttin der Fruchtbarkeit, waren Frauen unter sich und haben die Tiere, die sie in großem Umfang opferten, selbst getötet. Das Opferfleisch, vor allem Ferkel, bei anderen Festen Schafe und Geflügel – abzüglich des Anteils für die Göttin, der auf dem Altar verbrannte – verzehrten die Festteilnehmerinnen gemeinsam. Es müssen Feiern mit sehr hoher Teilnehmerzahl gewesen sein, da bei Grabungen in Akrokorinth, einem wichtigen Heiligtum der Göttin Demeter und ihrer Tochter Persephone, eigens für die Festmähler vorgesehene Räume und eine riesige Knochenmenge gefunden wurden. Die 52 Speiseräume – jeder in der Größe eines heutigen mittleren Wohnzimmers, um 4,5 × 5 Meter – boten für etwa 200 bis 240 Menschen Platz. Nach dem 5. Jahrhundert v. Chr. wurde das Heiligtum noch einmal um weitere Räume zum Waschen und Kochen erweitert.[128]

Allerdings berichtet der antike Reiseschriftsteller Pausanias, dass der Göttin Demeter, die für die Fruchtbarkeit auch der Feldfrüchte zuständig war, bei ihrem Fest nicht nur Tiere, sondern auch Getreide und verschiedene Hülsenfrüchte feierlich überreicht wurden.[129] Wenn die Göttin neben Getreideprodukten auch Hülsenfrüchte als Geschenk erhielt, unter ihnen Bohnen, so überbrachte man ihr den Anteil an einer sehr wichtigen Nahrungsquelle. Archäologische Befunde zeigen, dass Linsen mit Weizen und Hafer die ersten in

Griechenland kultivierten Körnerfrüchte waren. Fleisch war die Ausnahme, für das der Göttin gedankt wurde, Getreide und Hülsenfrüchte stellten die Grundnahrungsmittel dar.

Brot und unterschiedliche Formen von Gebäck wurden auf den Opferaltären verbrannt, der übrige Teil beim Festmahl verspeist. Clemens von Alexandria, der Leiter der christlichen Katechetenschule in Alexandria, bietet im 2. Jahrhundert n. Chr. – aus christlicher Sicht sehr kritisch – eine ausführliche Liste des Inhalts von Opferkörben für ›heidnische‹ Gottheiten: Neben Granatäpfeln, Feigenzweigen und Efeu erwähnt er die unterschiedlichsten Kuchen, Sesamkuchen, Pyramidenkuchen, Kugelkuchen, Vielnabelkuchen, Salzklöße, runden Kuchen und Mohnkuchen.[130]

Frau mit Tablett und Gebäck

Obwohl Aristophanes seine Komödie »Die Frauen beim Thesmophorienfest« nun während der Tage dieses Frauenfestes ansiedelt, ist von ihm weder etwas über diese Fleischorgien noch über die Brote und Kuchen zu erfahren. Die Einsicht in Riten und Kulte der Frauen war wohl auch für ihn wie für alle Männer dieser Zeit eine begrenzte. Dagegen übertrifft er sich in »Die Frauen in der Volksversammlung« selbst, wenn er sie im Schlussakt alles auf den Tisch bringen lässt, was sich an Essbarem bot.

Eine lautstarke Ankündigung ruft die Athenerinnen und Athener zu dem gemeinsamen Bankett. Die Frauen haben in ihrem Kampf gesiegt, Euripides wird über sie nichts Verleumderisches mehr schreiben und so soll ein erneuertes Gemeinschaftsgefühl im Vordergrund stehen. Die Ausruferin gibt bekannt, dass die Tische vorbereitet und die Sitzgelegenheiten mit Kissen belegt sind, der Wein ist gemixt und in die Trinkschalen gefüllt. Gesalzene Fischstücke werden gegrillt und Hasen auf Spieße gesteckt, Kuchen gebacken und zum Verzehr bereitgestellt. Süßigkeiten und Nüsse werden geröstet und die jüngsten der Frauen kochen Erbsenbrei, nicht zu vergessen das Gerstenbrot, das noch herbeigetragen wird.[131] Wenn dann noch in einem wilden Wortsalat *Schüsselschnetzelrochenhaifische, Hirnwurstessigrettich, Knoblauchkäsehonigsauce, Drosselaufamselringelturteltauben, Hähnchengrillhirnschnepfenwachtel, Hasensiruptunken und Schlemmerflügel* die Rede ist, beginnt selbst die Begeisterung für eine Schlaraffenlandschaft zu stolpern.[132]

Es wäre kein Wunder, wenn bei dem einen oder anderen solche Schlemmereien zu einer Übersättigung geführt hätten. Platon, dem Philosophen, galten sie denn als bedenkliches Zeichen einer Stadt, die dabei ist, ihr Maß zu verlieren. Und nicht nur eine Stadt, sondern auch manches Einzelwesen mag unter einer – heute bedrohlich verbreiteten – Ausuferung des Leibesumfangs gelitten haben. Dennoch verwundert es etwas, dass dieses Problem schon in klassischer Zeit ausführlich thematisiert wurde.

Antike Schlankheitskuren

Diäten und körperliches Fittsein waren tatsächlich Themen in medizinischen Schriften und philosophischen Abhandlungen. Richtige Ernährung, Körperpflege und Bewegung sollten zu einem möglichst krankheitsfreien und langen Leben verhelfen. Es wurden Ratschläge zur Diät erteilt, erörtert, welche Kräuter, Gewürze oder Gemüsesorten schlank machen oder erhalten. So kritisiert Platon übermäßiges Essen, das er in Verbindung mit zu wenig körperlicher Bewegung, Gymnastik und Training, für ausgesprochen schädlich hält.

Wenn auch nicht spezielle Diäten mit Mengenangaben empfohlen werden, wie man sie heute oft genug ohne nennenswerten längerfristigen Erfolg propagiert, so gab der Arzt Diphilos von Siphnos immerhin detaillierte Ratschläge zu einzelnen schlank machenden Nahrungsmitteln. Die Rübe, sagt er, mache schlank, sei aber scharf, schwer verdaulich und verursache außerdem Blähungen. Besser sei gekochte Mohrrübe, sie sei lieblicher und für Magen und Verdauung bekömmlicher, gleichzeitig auch nahrhaft. Die geröstete Rübe werde jedoch besser verdaut und habe für das Schlankwerden eine intensivere Wirkung. Beides wird noch übertroffen durch die eingelegte Rübe, deren Wirkung sich durch die Zugabe von Senf noch steigern lässt. Die Mangoldrübe in Verbindung mit Senf – seine besondere Empfehlung – habe eine zusätzlich positive Wirkung, da sie Würmer vernichte.[133]

Selbst Aristophanes trägt aus satyrischer Warte hierzu seinen Teil bei. In »Die Frösche« lässt er den Dramendichter Euripides auftreten und alle Register diätetischer Kunst ziehen, angewandt auf die Dichtkunst des älteren Kollegen Aischylos. Eine radikale Abmagerungskur soll die ungesunde Korpulenz der älteren Tragödie beseitigen. Verordnet wird eine Diät aus leichten, luftigen Versen, unbeschwerten Gesprächen und Abführtee. Dazu bereitet Euripides einen dünnen Sud von etwas ausgepressten Büchern, um nach dieser Radikalkur die Dichtung mit etwas Leichtverdaulichem wieder aufzupäppeln.[134]

Manchem mögen nach den Festen auch Hülsenfrüchte wieder zugesagt haben, die neben Getreide wichtige Eiweißträger einer im Alltag doch eher fleischarmen Speisenzusammenstellung waren. Noch heute gibt es bei bäuerlichen Familien in Kreta und anderen Teilen Griechenlands den Brauch, einmal im Jahr alle Sorten der Hülsenfrüchte zusammen zu kochen und sie gemeinsam mit Freunden zu essen. Insbesondere Linsen wurden wohl sehr häufig gegessen. Aristophanes verspottet sie zwar als ein Gericht für die Armen, in Athenaios' »Gastmahl der Philosophen« dagegen waren dicke Bohnen mit Feigen gemischt ein bevorzugter Bestandteil von Desserts, und der Philosoph Platon erwähnt Erbsen und Bohnen als eine Art Beikost. Chremylos indessen in Aristophanes' Komödie »Der Reichtum«, in dem der Gott Plutos Reichtum an alle verteilt, macht sich über eine ältere Frau lustig, die sich bis dahin einen Gigolo hielt. Der junge Mann bot, als ihn die Armut noch dazu zwang, seine Liebesdienste für die sprichwörtlich gewordene Linsensuppe an. Selbst zu Wohlstand gekommen, hat er *seinen Geschmack an Linsensuppe verloren.*[135]

Koch oder Köchin?

Wer die unterschiedlichen Speisen jeweils für die großen Gastmähler zubereitete, darüber geben weder die Komödie noch andere schriftliche Quellen eindeutig Auskunft. Vielleicht haben verwandte oder befreundete Frauen bei den Vorbereitungen geholfen. Vielleicht waren aber auch jene Köche, *Mageiroi*, im Einsatz, von denen in Komödien und Inschriften erwähnt wird, man habe sie auf einem Platz auf der *Agora* finden und für bestimmte Anlässe mieten können. Im »Pferdezüchter« des Mnesimachos scheint es jedoch so, dass alle im Haus an den Vorbereitungen beteiligt waren. Der Sklave, der auf den Markt geschickt wird, um den geladenen Gästen all jene Speisen aufzuzählen, die für das Mahl zubereitet wurden, lockt sie damit, dass das ganze Haus geradezu ein Nebel von Gerüchen erfülle. Jedermann im Haus habe geknetet, gebacken, man rupfe und hacke, man schneide und mische. Und dabei *erklingen weihevolle, lieblichsüße Töne der Auloi.*[136]

Dies lässt an eine Szene denken, die eine Terrakottagruppe aus dem 6. Jahrhundert v. Chr. darstellt: Vier Frauen sind dabei, Teig in einem großen Backtrog zu kneten. Ihnen assistiert eine Flötenspielerin an der Kopfseite. Möglicherweise gehört die Szene in einen rituellen Zusammenhang, sie könnte aber durchaus auch die Vorbereitungen für die so häufig geschilderten Feste darstellen. Ähnlich dürfte sich nämlich der Arbeitsalltag der Frauen gestaltet haben, wenn auch ohne Flötenspiel. Vor allem Wirtschaftshistoriker neigen dazu, solche Funde als Hinweis auf größere – von Männern betriebene – Werkstätten, in diesem Fall größerer Bäckereien, anzunehmen. Dass die wenigen Zeugnisse, wie die gezeigte Terrakottafigurine, Frauen zeigt, hat sie nicht von solchen Schlussfolgerungen abhalten können.

Frauengruppe beim Teigkneten mit einer Flötenspielerin an der Kopfseite des Backtrogs

Wenn auch nicht für jedes der Feste, so ist doch für die Alltagsversorgung recht eindeutig, dass sie in der Zuständigkeit der Frauen lag. Sogar in Kriegszeiten scheint die Zubereitung der Nahrung in der Hand von Frauen gelegen zu haben. Nach einer Schilderung in Homers »Ilias« stellt Hekamede im Lager der Achaier, im Zelt Nestors, ein für unser heutiges Empfinden fremdartig anmutendes Gericht her. Sie füllt eine Schüssel mit Zwiebeln, gibt dem Ganzen – zur Würze – Honig hinzu und *grob gemahlenes Mehl von heiliger Gerste.* Ergänzt wird mit pramnischem Wein für die Männer. Anschließend reibt Hekamede mit einer Raspel Ziegenkäse darüber und bestreut das Ganze mit weißem Mehl.[137] Auch später, im Peloponnesischen

Krieg, so berichtet es jedenfalls der Historiker Thukydides, leisteten Frauen solch ›kriegswichtige‹ Dienste. Als die Spartaner Plataia belagerten, wurde die Stadt evakuiert und die meisten Frauen, Kinder, Sklaven wie auch die älteren Männer wurden nach Athen gebracht. 110 Frauen zum Brotbacken sollen dann mit den in der Stadt verbliebenen Verteidigern – 400 Plataier und 80 Athener – zurückgeblieben sein, um diese mit Brot zu versorgen.[138]

In Friedenszeiten war die Zuständigkeit der Athenerinnen für die Zubereitung der Speisen so selbstverständlich, dass sie Platon in seinem Staatsentwurf erwähnt. Zwei Dinge gebe es, stellt er dort fest, die Frauen auf alle Fälle besser als die Männer könnten: einerseits das Weben und andererseits »die Bereitung des Gebäckes und Geköches«, so übersetzt es etwas altertümlich Friedrich Schleiermacher. Das Gegenteil, wenn also Männer besser weben oder kochen und backen könnten, sei geradezu lächerlich.[139] Und so verwundert es nicht, dass in einer der Komödien des Aristophanes aus dieser Zeit, »Die Frauen in der Volksversammlung«, diese Zuständigkeit ebenfalls bei den Frauen liegt. Die Heldinnen, die mit ihrer Anführerin Praxagora die politischen Angelegenheiten anstelle der Männer übernehmen, qualifizieren sich für diese radikale Maßnahme dadurch, dass sie Neuerungen abgeneigt sind und ihren Pflichten – wie seit alters her – nachgehen. Zu den Dingen, *die sie ganz wie früher* tun, gehört es, dass sie im Sitzen kochen und ihre Kuchen backen. Eine Anspielung auf den Egoismus der Frauen darf auf der Bühne natürlich nicht fehlen. So machen sie heimlich – *ganz wie früher* – Delikatessen nur für sich.[140]

Angesichts dessen verwundert es nicht, dass auch in der Haushaltslehre Xenophons erwähnt wird, dass die junge Ehefrau, die schon bei der Vorratshaltung umfangreiche Aufgaben zu erledigen hat, mit guten Kenntnissen, die den Magen betreffen, mit guten Kochkenntnissen also, in das Haus des Gatten kam. Die Äußerung dürfte kaum ein Lob für eine außergewöhnliche Begabung darstellen, sondern konstatiert lediglich, was junge Frauen bei ihren Müttern oder anderen Frauen lernten, bis sie mit der Heirat in das Haus des Ehemannes überwechselten.

III.

Die heilenden Hände der Frauen

DIE ANTIKE GRIECHISCHE MEDIZIN war weder eine Lehre von Spezialisten, noch gab es einen entwickelten professionellen Ärztestand. Fragt man nach einer Gesundheitsversorgung unter solchen Bedingungen, begegnen zunächst die Namen berühmter Männer. Neben dem Corpus medizinischer Schriften unter dem Namen des Hippokrates aus Kos aus dem 5. Jahrhundert v. Chr. stehen die Sammlungen pharmakologischen antiken Wissens des Philosophen Theophrast aus dem 4. Jahrhundert v. Chr. und die des Arztes, Botanikers und Pharmakologen Dioskurides aus dem 1. Jahrhundert n. Chr.[141] Ausgenommen die Kenntnisse über chirurgische Eingriffe geht vieles des hier schriftlich Aufgezeichneten auf mündlich überlieferte Erfahrungsheilkunde zu Schmerz- und Heiltherapien mithilfe pflanzlicher, mineralischer und tierischer Substanzen zurück, die vielfach in der Hand von Frauen lag.

Die heute beliebten Kräuterbücher des Mittelalters und der Neuzeit verzeichnen nur einen geringen Teil dieser damals vorhandenen und niedergeschriebenen Kenntnisse von Pflanzen, Kräutern und Bäumen, ihren Früchten und Hölzern, Wurzeln und Rinden, von tierischen und mineralischen Wirksubstanzen. Aber es ist nicht diese Schriftgattung, die Auskunft darüber gibt, wer wen behandelt hat. Vor allem literarische, inschriftliche, aber auch philosophische Texte liefern dazu Hinweise, ohne die Absicht zu verfolgen, diese Fragen, die wir uns heute stellen, zu beantworten.

Die antike Apotheke im Einsatz

Die Vertrautheit von Frauen mit Schmerztherapien wird schon in den homerischen Epen beschrieben.[142] Im kriegerischen Umfeld der »Ilias« behandelt Agamede im Kriegslager Verletzte mit Kräuteranwendungen. Sie kannte *die heilenden Kräuter, Pharmaka, die auf der Erde wuchsen.*[143] Im etwa 300 Jahre jüngeren »Argonautenepos«, das in Teilen ebenfalls diese mythische Zeit des Trojanischen Krieges beschreibt, verspricht Oinone, die erste Frau des Paris, ihrem Mann, ihn zu heilen, sollte er im Kampf verletzt werden. Sie allein, wird gesagt, verfüge über ein entsprechendes *Pharmakon.* Seine Untreue aber, da er Helena nach Troja entführte und nicht zu ihr zurückkam, konnte Oinone nicht verzeihen. So zögerte sie, als er tatsächlich verwundet wurde und löste ihr Versprechen zu spät ein. Ihr *Pharmakon* konnte den Treulosen nicht mehr retten.[144]

In friedlichen Zeiten stand sicher die Sorge um die Gesundheit der Kinder und der übrigen Familienmitglieder wie der Sklaven im Vordergrund. Bis weit ins 18. Jahrhundert hinein blieb es die selbstverständliche Anforderung an Frauen, über medizinische Grundkenntnisse zu verfügen, um die Familie und Hausbewohner im Krankheitsfall versorgen zu können. Den Müttern am nächsten waren wohl die Säuglinge und Kleinkinder, die gepflegt wurden und die in den Genuss dieses Wissens kamen. Xanthippe, die Gattin des Sokrates, an der manche Zeitgenossen und die Überlieferung kaum ein gutes Haar gelassen haben, soll ihren Sohn liebevoll gepflegt haben, wenn er krank war. Als dieser im Erwachsenenalter in den Chor der Klagen über seine Mutter einstimmte, machte ihm Sokrates schwere Vorwürfe. Er solle sich lieber erinnern, wie viel Kummer er seiner Mutter bereitet habe, wenn er krank war. Unmöglich könne er vergessen haben, wie oft sie ihn pflegte und sich darum bemühte, dass es ihm an nichts fehlte.[145]

Aus den Schriften des Dioskurides ist vieles über Kinderkrankheiten zu erfahren, wie sie zu behandeln und – besser noch – wie sie zu vermeiden sind. Es handelt sich um Beschwerden, die sich von heutigen kaum unterscheiden: Husten, Mandelentzündungen, Asthma, Juckreiz, der beim Zahnen auftritt, Fieber, Erbrechen, Durchfall, Krämpfe und Schlaflosigkeit, Nasenbluten oder auch Eingeweidewürmer. Es werden zudem Arzneien gegen Nasenbluten, Angstzustände, Nabel- und Ohrenentzündungen empfohlen. Die hier willkürlich ausgewählten Mittel bieten lediglich einen kleinen Eindruck in die Vielzahl der zu behandelnden Beschwerden und der Mittel zu ihrer Bekämpfung.

Myrrenharz etwa in Form kleiner Pillen von Bohnengröße wurde gegen chronischen Husten, Atemnot und Brustschmerzen wie gegen Durchfall empfohlen. Honig im Gurgelwasser sollte Beschwerden in Bronchien, an den Mandeln und im Rachen lindern. Schalen der Gurke verzeichnet Dioskurides bei Kindern nach einem Hitzschlag als hilfreich. Sie wurden ihnen auf die Stirn gelegt. Der Samen des Bilsenkrauts galt als schmerzstillend bei Ohrenschmerzen, einsetzbar auch gegen Husten, Erkältung und heftige Schmerzen der Augen. Allerdings blieb zu beachten, dass zwei Arten davon Erregungszustände und Bewusstseinsverlust verursachen konnten. Die Wurzel, mit Essig gekocht, sollte als Mundspülung Zahnschmerzen lindern.

In Fällen, in denen die eigenen Kenntnisse nicht ausreichten, haben sich Frauen sicher an andere, vielleicht in der Nachbarschaft oder an entfernter wohnende Frauen mit speziellen Kenntnissen gewandt. So freut sich ein Mann in einer Komödie, dass seine Tochter wieder gesund ist: *Das Übel da, das ist kein Übel mehr; mein Töchterchen hat von der fremden Frau ein Senfpflaster bekommen.*[146] Die Wirkung des alten Hausmittels Senföl, das durch Zerkleinern von Senfkörnern und deren Anfeuchten mit heißem Wasser gewonnen wurde, beschreibt Dioskurides ebenfalls in seiner Arzneimittellehre. Mit Feigen so lange aufgelegt, bis sich eine Rötung einstellt, hilft es bei allen Schmerzzuständen, *wenn sie von innen nach außen gelenkt werden sollen.*[147] Wer im Einzelnen nun von wem gelernt hat, ist kaum exakt festzustellen. Aber dass hinter der schriftlich verzeichneten Gelehrtheit des Dioskurides Erfahrungswissen steht, das er nicht nur, aber zu großen Teilen von Frauen erfragte, hat er selbst mehrfach betont.

Neben den Kindern versorgte die Hausfrau im Krankheitsfall auch andere Familienmitglieder. Die Pflege eines Ehemanns wird sogar in einer Gerichtrede zum Thema gemacht. Im Prozess gegen die berühmte Hetäre Neaira, die beschuldigt wird, sich das Bürgerrecht einer Athenerin angemaßt zu haben, weist der Redner auf deren großen Einsatz im Krankenzimmer hin. Er will damit nachweisen, dass sich die Angeklagte ganz so verhalten habe, wie es üblicherweise von einer Athenerin erwartet wurde. Aufopfernd habe sie ihren Ehemann während seiner Krankheit gepflegt, wie man es nicht von einer Hetäre, sondern nur von einer Ehefrau kenne.[148]

Neben dieser Sorge um die Gesundheit der engeren Familie stand die um die der Arbeitskräfte. Die Annahmen der Forschung gehen dahin, dass für einen Großteil der Bürgerhaushalte mindestens eine oder zwei Sklavinnen oder Sklaven anzunehmen sind. In wenigen größeren Häusern lebte sicher eine noch größere Anzahl an Hilfskräften. Im »Oikonomikos« Xenophons, dem Ratgeber für die Leitung solch größerer Hauswesen, wird die Pflege kranker Sklaven vor allem unter wirtschaftlichem Aspekt behandelt. Ausdrücklich erwähnt wird dies als *besonders dankbare Beschäftigung* der Hausfrau.[149] Selbst wenn die Argumentation heute fremdartig oder gar menschenverachtend anmuten mag, es trug natürlich zum Werterhalt des antiken Hauses bei, wenn möglichst geringe Verluste an Arbeitskräften durch Krankheiten zu beklagen waren. Der Tod einer Sklavin oder eines Sklaven konnte einschneidend sein, besonders dann, wenn die oder der Betreffende über spezielle Fertigkeiten verfügte, so etwa wenn es sich um eine besonders geschickte Weberin handelte.

Für die Behandlung häufig auftretender Beschwerden, unter die Erkältungen, Magenverstimmungen, leichtere Verletzungen oder Ähnliches zu rechnen waren, konnte nicht jedes Mal ein Arzt geholt werden. Platon spricht zwar von Arztgehilfen, die mehr schlecht als recht kranke Unfreie versorgten, und es gab einige wenige Ärzte für spezifische Krankheiten.[150] Letztere konnten sich jedoch nur reichere Familien leisten. Abgesehen davon hatte die persönliche Pflege durch die Hausherrin, dem »Oikonomikos« zufolge, den positiven Effekt, dass sich die Bindung der Sklaven an ihre Herrschaft festigte. Die gesund gepflegten, vom Tod bewahrten Sklaven würden, so das Kalkül, besonders dankbar und *ergebener als vorher* sein und ihre Arbeit freudiger und zuverlässiger verrichten.[151]

Welche Methoden zum Einsatz kamen, was Frauen für die Behandlung der Kranken, ob Familienangehörige oder Sklaven, an Mitteln zur Verfügung stand, lässt sich nur annähernd aus dem Arzneimittelbuch des Dioskurides und medizinischen Schriften herausdestillieren. Zu den bekannten Behandlungsmethoden zählten *besänftigende Besprechungen,* lindernde Getränke und das Auflegen von Heilkräutern, wie sie schon Agamede vor Troja anwendete. Getränke waren wohl die häufigste Art der Arzneimittelzubereitung. Meist wird empfohlen, mehrere Kräuter zu zerreiben oder aufzukochen. Auch suppenartige Breie aus Gerstenmehl oder Hülsenfrüchten wurden gekocht, in die dann die entsprechenden Mittel eingerührt wurden. Gelegentlich wird empfohlen, die Wirkstoffe in Brot einzubacken. In Honig vermischte Heilmittel, wie viele Empfehlungen lauten, würde man heute vielleicht als Lutschbonbons, wie bei Erkältungen üblich, verwenden. Klistiere, mit Kamille oder Rizinus, waren ebenfalls verbreitete Mittel wie auch Anal- und bei Frauen Vaginalzäpfchen oder Tampons.

Meist wird empfohlen, die Drogenextrakte in einer Masse aus Harz und Fett zu länglichrunden Zäpfchen zu kneten. Tampons waren aus Woll- oder Leinenstücken, die mit den betreffenden Arzneien bestrichen oder in sie eingetaucht wurden. Salben spielten eine ebenso große Rolle. Dazu wurden Pflanzen-, Tier- oder Mineraldrogen zerrieben oder ausgepresst und mit Fetten und Ölen, teils auch Wachs oder anderen Tierfetten verrührt. Manche Öle wurden rein verabreicht. Meist wurden sie aber mit duftenden Pflanzen oder Harzen versetzt. Heilpflaster, die häufig angeraten wurden, bestanden aus zerriebenen Pflanzen, die mit Tüchern auf die zu behandelnden Stellen gebunden wurden. Bekannt waren auch Einreibungen, Spülungen, Räucherungen, Gurgelmittel und Niespulver aus aromareichen Stoffen, in Wein oder Wasser aufgeschwemmt oder aufgekocht.

Bei Kräutern und Gewürzen, die auch in der Küche Verwendung fanden, überlappen sich oftmals die Wirkungsbereiche. Eingesetzt bei Kinder- und Frauenkrankheiten, aber auch typisch männlichen Beschwerden, entfalten sie ihr pharmazeutisches Potenzial. So gilt Kümmel als erwärmend, magenfreundlich und die Verdauung fördernd. Man mischt ihn Gegengiften und Mitteln bei, die schnell wirken sollen. Der veredelte Kümmel empfiehlt sich gekocht als Einlauf mit Öl und aufgelegt mit grob gemahlenem Getreide. Als Pflaster aufgelegt, besänftigt er mit Rosinen und mit aus zerstampften Bohnen gemachtem Mehl oder mit Wachs. Fein verteilt in Essig, stillt er Nasenbluten.

Anis wird als Durstlöscher getrunken, wird aber auch wegen seiner erwärmenden und austrocknenden Kraft geschätzt. Er erleichtert das Atmen, ist schmerzstillend und harn- und schweißtreibend. Durch die Nase in geräucherter Form eingezogen, lindert er Kopfschmerzen. Auch den Ohrenfluss soll er heilen, fein verteilt in Rosenöl, ins Ohr eingeträufelt. Fenchel wird die Kraft zugeschrieben, die Muttermilch zu befördern. Seine Samen und Blütendolden gelten gleichzeitig als Aphrodisiakum. Dioskurides empfiehlt seine Wurzel und Frucht gegen Harnverhaltung, chronischen Husten und Atemnot. Die Frucht, mit Wein getrunken, wird als verdauungsfördernd angesehen und soll Koliken lösen sowie bei Fieberanfällen brauchbar sein.

Auch Dill, ein bekanntes Gewürzkraut und häufig verwendetes Gewächs, das in Kränze geflochten wurde, empfiehlt er in Abkochung zur Linderung bei Koliken und Blähungen. Er soll leichtem Erbrechen Einhalt gebieten. Der Sud wirke als Sitzbad bei Unterleibsleiden, dauernd genommen stumpfe er allerdings die Sehkraft ab und schmälere die Potenz, warnt Dioskurides. Der kultivierte Thymian, ein Gewürz und wie Dill ein Kranzgewächs, konnte, wenn

Weihrauch knapp war, in Büscheln – *ohne die Götter zu* beleidigen[152] – geräuchert werden. Aber er wurde ebenso in Pflastern bei Koliken, Spasmen, Leberentzündungen und bei Schlangenbissen empfohlen. Innerlich genommen galt er als bevorzugtes Mittel zur Behandlung der Harnwege, sollte dem Darm zuträglich sein und die Menstruation anregen, aber auch den Milchfluss fördern. Mit Essig gekocht und mit beigemischtem Rosenöl lindere er Kopfschmerzen. Umgeschlagen mit Essig, so die Anweisung, verteile er Ödeme, löse Thrombosen auf und zerstöre Warzen. Mit Wein und Graupen als Umschlag sei er ein gutes Mittel gegen Ischias. Selbst bei Hüftleiden wirke er mit Wein und Graupen als Umschlag wohltuend.

Als Mittel mit breitem Wirkungsspektrum wurde Wermut, *Artemisia Absinthium*, empfohlen. Zu Wein, den sogenannten »Absinthes«, verarbeitet, war er um die Propontis und in Thrakien im Sommer ein beliebtes Erfrischungsgetränk. Der unverarbeitete Saft der Pflanze allerdings eigne sich nicht zum Trinken, warnt Dioskurides, da er den Magen angreife und Kopfschmerzen verursache. Man schätzte aber seine erwärmende Wirkung auf den ganzen Körper und seine reinigende auf Magen und Darm.

Als Abkochung sollte Wermut gegen Appetitlosigkeit helfen, mit Essig werde er erfolgreich gegen Pilzvergiftungen angewandt, mit Wein gegen Chamäleon- und Schierlingsvergiftungen. Eine spezielle Art des Wermuts – für sich allein oder mit Honig genommen – wurde als Mittel gegen Spul- und Rundwürmer angewandt und sollte den Darm auf sanfte Weise entleeren. Gegen Halsentzündung ließ sich mit Honig und Natriumkarbonat eine Salbe herstellen, und mit Wasser war er gegen nächtliche Schmerzzustände anzuwenden.

Alraune oder Mandragora. Ein Beispiel antiker Pharmakologie

Die Alraune war eine bekannte, Visionen erzeugende Pflanze. Für Aristoteles zählte sie neben dem Saft des Mohns und dem Wein zu den Rauschmitteln und Hypnotika. Ausführlich – wie eine ganze Reihe ähnlich wirkender Gewächse, etwa Bilsenkraut – wird sie von Dioskurides in seiner »Arzneimittellehre« beschrieben. Sowohl die Früchte, das Laub als auch die Wurzeln besäßen eine psychoaktive Wirkung. Hirten, so wurde beobachtet, die die Früchte aßen, wurden davon leicht berauscht. Einige würden sie auch Pflanze der Kirke nennen, da besonders die Wurzel ein wirksames Aphrodisiakum sei. Allerdings lassen sich die Bestandteile der Pflanze auch gegen diverse Beschwerden verwenden. Das frische Laub, in Gerstenschleim gemischt, wird gegen Augenentzündungen und Reizungen an Geschwüren empfohlen. Es soll Verhärtungen, Geschwülste und Schwellungen zum Verschwinden bringen, wenn sie fünf oder sechs Tage vorsichtig eingerieben werden. Die mit Essig zerriebene Wurzel heile Rotlauf, mit Honig und Öl leiste sie gute Dienste bei Schlangenbissen, mit Gerstenmehl lindere sie Gelenkschmerzen. Der Saft, in einer Menge von etwa zwei Gramm, mit einer Honigmischung genommen, so die Empfehlung, bringt Schleim und Galle herauf. Eine größere Menge kostet allerdings das Leben, so die Warnung.

Präparate aus der Wurzel wurden als Schlafmittel eingesetzt, wobei die Zubereitung des Extrakts folgendermaßen erfolgen solle: Die noch unreife Rinde der Wurzel wird zu Saft verarbeitet, der danach der Sonne ausgesetzt und nach der Verdickung in einem Tongefäß aufbewahrt wird. In verdünnter Form findet er gegen Schlaflosigkeit und stärkste Schmerzen Anwendung. Als Betäubungsmittel bei chirurgischen Eingriffen – für jene, bei denen eine völlige Betäubung zum Schneiden oder Brennen erreicht werden soll – wird ein Becher dieser Verdünnung empfohlen. Diese Patienten empfinden keinerlei Schmerzen, weil sie das Bewusstsein verlieren, so Dioskurides.

Die reine Substanz, wenn sie, etwa ein Viertel Gramm, als Tampon eingelegt wird, rege die Menstruation an und eigne sich als Abtreibungsmittel. Die Samen der Äpfel, als Sud, reinigen die Gebärmutter. Gleichzeitig wurden Zubereitungen der Pflanze als Fruchtbarkeitsspender auch für unfruchtbare Frauen empfohlen.[153]

Heute weiß man, dass die Wurzel der Alraune psychoaktive und anticholinerge Substanzen enthält, die psychedelische oder hypnotische Zustände auslösen können. Sie kann, wie man sehr wohl wusste, durch Atemlähmung auch den Tod bewirken. Ob sie als Abtreibungsmittel tatsächlich wirkungsvoll war, ist nicht nachgewiesen.

Die hier im Vergleich zum umfangreichen Katalog des Dioskurides in nur geringer Auswahl für verbreitete Krankheiten und Beschwerden genannten Mittel zeigen ein breites und vielseitiges Spektrum. Angesichts dessen lassen sich breit gefächerte Erfahrungen und Kenntnisse der Frauen in dieser Welt der medizinischen Selbstversorgung für wahrscheinlich halten.

Magie, Zaubermittel und die Hilfe von Gottheiten

Die Vertrautheit mit der im Begriff »Pharmaka« breit gefächerten Mixtur pflanzlicher oder mineralischer Substanzen war kein Spezialwissen in unserem heutigen Sinne. Es handelte sich stattdessen um in zahlreiche Lebensbereiche eingebettete Kenntnisse, die sich in der Praxis vielfach mit denen für andere Zuständigkeitsbereiche überlappten. Viele Heilmittel fanden in der Küche als Nahrungsmittel, Tee oder Gewürz Anwendung, dienten zugleich als Kosmetika, zur Körperpflege oder Ingredienz zur Parfümbereitung.

Zahlreiche Wirksubstanzen konnten jedoch auch in weniger harmlosen Bereichen zum Einsatz kommen, bei der Abwehr von Schädlingen gegen Textilien, bei Räucherungen, als Rauschmittel im Kult ebenso wie als Aphrodisiakum. So kann man in einem Atemzug von Pflanzen- und Mineralkunde, von Nahrung und Medizin, aber eben auch von Gift und Zaubertränken, eingebunden in magische Handlungen, sprechen. Dieser ständige Umgang der Frauen mit Mitteln, deren mögliche heilende oder auch tödliche Wirkung von der jeweiligen Dosierung abhing, konnte für den ein oder anderen durchaus als bedrohlich erscheinen. Und so ist Frauen nicht selten ein unkontrollierter Umgang mit Giften, Magie und Zaubermitteln unterstellt worden. In den Mythen um Zauber und Magie sind es immer Frauen, die damit in Zusammenhang gebracht werden, ob Helena, Kirke oder Medea. Das als frauenfeindliche Haltung abzutun, wäre sicher kurzsichtig. Es könnte uns eines wichtigen Zugangs und einer besseren Einsicht in die Kompetenzen, das besondere Wissen und die exklusiven Erfahrungen der Frauen berauben.

Einen der ältesten ausführlichen Berichte über den Einsatz von psychoaktiven Mitteln in der Hand der Frauen, hier gegen die Trauer um die im Trojanischen Krieg Gefallenen, liefert die »Odyssee«. Um den Schmerz zu mildern, besitzt Helena, deretwegen dieser Krieg geführt worden sein soll, ein starkes Beruhigungsmittel. Sie mischt es in Wein, wie es später auch die hippokratischen Schriften als eine Form der Darreichung empfehlen.

> Sie nahm ein *Pharmakon,*
> *Ein Kummer und Zorn vertreibendes,*
> *Vergessen bringendes für alle Übel.*
> *Wer dieses schluckte, wenn es dem Mischkrug beigemischt war,*
> *der ließ den Tag über keine Träne von den Wangen fallen,*
> *auch nicht, wenn Mutter und Vater ihm gestorben wären,*
> *auch nicht, wenn ein Bruder oder eigener Sohn*
> *dicht vor ihm hingemordet würde mit dem Erze,*
> *und er dies mit den Augen sähe.*[154]

Gute Beziehungen aufgrund ihrer göttlichen Abstammung ermöglichten es ihr, sich solche Substanzen zu beschaffen. Die Kräuter, die sie in der geschilderten Situation verwendet, hatte sie von der Ägypterin Polydamna erhalten, wie Helena eine Tochter des Zeus. Dort in Ägypten nämlich, so Homer, *bringt die fruchtbare Erde die meisten Kräuter hervor, viele gute, aber auch schreckliche.*[155] Aus solchen *Pharmaka* gebraute Mischungen, in Übersetzungen meist als Zaubertränke wiedergegeben, konnten positive, wie im Fall der Helena, oder auch negative Wirkungen entfalten.

Auch Kirke, die Göttin auf der Insel Aia, ist eine der mächtigsten Zauberinnen in der griechischen Mythologie oder, anders gesagt, eine jener weiblichen Protagonistinnen, die über außergewöhnliche Kenntnisse im Einsatz von Drogen verfügen. Als eine solche hat sie – neben Medea – noch der römische Naturforscher Plinius gesehen.[156] Von Homer wird sie als »Polypharmakon« bezeichnet, *der an Zauberkräutern reichen*, wie es der Philologe Wolfgang Schadewaldt übersetzt oder *Meist[e]rin in Giften,* wie Anton Weiher sie nennt.[157]

Zunächst mischt Kirke für die Gefährten des Odysseus eine Speise, *Kykeon*, aus Käse, Gerstenmehl, gelbem Honig und Wein. Es ähnelt dem Gemisch, das Hekamede im Zelt Nestors – vermutlich zur Kräftigung der Kämpfer – in der »Ilias« zubereitete.[158] Kirke versetzt es jedoch nicht mit kräftigenden *Pharmaka*, sondern mit *schrecklichen Giften*, *Pharmaka lygra*, und verwandelt die Männer bis auf Odysseus mit dem Schlag eines Zweiges in Schweine.[159] Dass Macht von Frauen, die in solch übersteigerten Manipulationen imaginiert wurde, als beängstigend erschien, ist nicht wirklich verwunderlich.

Wie Kirke war auch Medea, nach der der Dichter Euripides eines seiner Dramen benannte, eine Kundige in Sachen Drogen, eine *Pharmakis*, was meist mit »Zauberin« wiedergegeben wird. Dieser Begriff unterschlägt jedoch wesentliche Aspekte dessen, was mit *Pharmakis* gemeint war. So nimmt die heutige Übersetzung Vorbehalte auf und transportiert sie weiter, die schon in der attischen Tragödie angelegt waren. Denn besonders Medea, die Prinzessin aus Kolchis, wurde in die Sphäre des fremden bedrohlichen Zaubers und der unheilbringenden Magie gedrängt. So soll auch der Dichter Sophokles ein Drama mit dem Titel »Die Wurzelschneider« (*Rhizotomoi)* verfasst haben, in dem Medea ihre Wurzeln in einer unzivilisierten, für Griechen unakzeptablen Weise sammelt. Das Wilde und Bedrohliche ihrer Person liegt nach Sophokles darin, dass sie die Wurzeln nackt schneidet, mit einer bronzenen Sichel, einem wildem Blick und begleitet von durchdringenden Schreien. Vermutlich war dies Teil der Eingangsszene, in der der Chor der Wurzelschneider Medea als Kennerin der Pflanzen und als Magierin vorstellt.[160] Im Drama des Euripides ermordet sie dann sogar mithilfe eines von ihr mit *Pharmaka* getränkten Gewandes die neue Braut ihres treulosen Gatten Jason.[161] Welches Gift sie dazu verwendet und ob es dasselbe oder ein anderes ist, das später auch ihre beiden Söhnchen töten wird, wissen wir nicht. Im »Herakles« des Euripides flieht sie danach zu diesem und heilt dessen Wahnsinn.[162]

Die Vorgeschichte dieses tragischen Schicksals hat ein Jahrhundert später Apollonios aus Rhodos in seinem »Argonautenepos« dargestellt, angereichert mit noch weitreichenderen Fähigkeiten Medeas, als es die Tragödie tut. Sie steht mit ihrem Wissen als *Pharmakis* dem Griechen Jason bei, das Goldene Vlies in seine Heimat zu holen. Ohne ihre Hilfe wäre es ihm nie gelungen, den Kampf gegen die Erdgeborenen zu bestehen[163] und einem gefährlichen Drachen, der das Vlies bewacht, die begehrte Trophäe zu entwenden. Medea beseitigt die Gefahr, indem sie den Drachen mit einschläfernden Besprechungen und mithilfe der Anrufung des Hypnos, des Gottes des Schlafs, beruhigt.

> Sie *nahm einen frisch geschnittenen Wacholderzweig, tauchte ihn in eine Mischung ihrer Gifte* [Pharmaka] *und besprengte damit unter »Zauberformeln« und Gesängen unverdünnt die Augen. Der sich*

verbreitende intensive Duft des Mittels versenkte ihn in Schlaf. Sein Rachen neigte sich und sank zur Erde, die unzähligen Windungen aber erstreckten sich weit nach hinten durch den dichten Wald.[164]

Während der ganzen Zeit bleibt Medea bei dem Drachen, wie bei einem Kranken, den man – so die Empfehlungen nach den hippokratischen Schriften – ebenfalls mit Gesängen und Besprechungen beruhigt. Sie besprengt ihn mit ihrem *Pharmakon*. Medea, die *Pharmakis*, die Pflanzenkennerin, die wegen ihres Verrats und ihrer Liebe zu Jason aus Kolchis flieht, stellt ihre Kräfte weiter in deren Dienst. Sie heilt die Wunden der Argonauten, die nach dem Raub des Vlieses von den Kolchern verfolgt und bekämpft werden, sich aber an Bord der Argo retten können.

Sie begegnet uns auch in der Mythensammlung Apollodors: Medea, die mächtige Heilerin. Ihre *Pharmaka* sind jedoch dieser Sage nach noch vielfältiger und doppelgesichtiger. Mithilfe eines magischen Elixiers soll sie die Kraft besessen haben, alte Menschen wieder jung zu machen. Unschwer lässt sich erkennen, dass das einem uralten Wunsch nach ewiger Jugend und Unsterblichkeit entspricht. Als List setzt sie das Versprechen ewiger Jugend bei Pelias, dem König von Iolkos, ein, der während Jasons Abwesenheit dessen Eltern tötete. Ihm gibt sie das Versprechen, ihn in einem Verjüngungselixier, nachdem er zerstückelt worden sei, als jungen Mann wieder zum Leben zu erwecken. Sie nutzt sein Vertrauen auf ihre Kräfte, um an Jasons Stelle Rache zu üben. Sie spricht die erforderlichen Zaubersprüche nicht, die dem Mythos nach wohl wirksam gewesen wären, und lässt Pelias jämmerlich sterben.[165] Und dennoch macht sich Jason diese Frau aus Kalkül zur Feindin.

Der römische Dichter Ovid gestaltete den Medea-Mythos noch detailreicher aus und listet die Ingredienzien des Zauberelixiers im Einzelnen auf, beschreibt die Herkunft der Wurzeln, nennt das Tal, aus dem sie stammten, Samen und Blüten sowie außerordentlich fantastische Zutaten. Unschwer sind hier die Vorbilder für mittelalterliche Hexenkessel zu erkennen oder die Mittelchen, die wir neuerdings in Harry Potter-Büchern kennenlernen durften. So etwa die Flügel und das Fleisch der Vampireule oder die Eingeweide eines Werwolfs.[166]

Aber selbst in den fantastischsten Schilderungen finden sich Methoden und Mittel, die Bestandteil seriöser antiker medizinischer

Schriften und Arzneimittelbücher sind. Die Anrufung des zuständigen Gottes ist darin genannt, Einreibungen mit sedierenden Substanzen, beruhigende Besprechungen, Besprengen mit duftenden Extrakten und Verbleiben beim Patienten über längere Zeit. Gleichzeitig spiegeln die Mythen eine Tradition medizinischen Wissens, das zwischen Magie und rationalen Erkenntnissen changiert, sich im Spannungsfeld von Zauberei und Erfahrungswissen bewegt. So bleibt es nicht aus, dass insbesondere der Bereich, der uns auch heute noch als der fantastische dieser antiken Praktiken anmutet, seine Gegner findet. Platon etwa zieht nicht nur gegen Mythen im Allgemeinen zu Felde, die etwas für Ammen seien, die sie kleinen Kindern erzählen, sondern auch gegen Zauberpraktiken. Er nennt Behexungsversuche, Gaukeleien, Zaubereien, die mit Vorbedacht schaden, durch Getränke, Speisen oder Salben, aus Wachs geformten Bildern an Türen, an sich kreuzenden Wegen oder auf Grabmälern. Er spricht von Bann- und Beschwörungsformeln, die offenbar als Allgemeingut im Denken der Zeit gelten. Er unterbreitet sogar ein Gesetz gegen Zauberei, *Pharmakeia*, in dem in seinem Idealstaat in besonderen Fällen das Todesurteil verhängt werden soll.[167]

Verurteilt worden wäre sicher Deianeira, die Gattin des Herakles, deren Liebeszauber sich verheerend auswirkt. In den »Trachinierinnen« des Sophokles hantiert sie mit einem Mittel, das ihr der auf Rache an Herakles sinnende sterbende Kentaur Nessos als angebliche Liebestinktur übergab. Als sie erfährt, dass Herakles eine junge Geliebte aus dem Krieg mit nach Haus bringen will, sucht sie mithilfe der Tinktur seine Liebe zurückzugewinnen. Sie tränkt einen *Chiton* mit der Mixtur und lässt ihn dem Herakles als Geschenk überreichen. Nessos aber hatte sie getäuscht. Die Tinktur enthält das Gift der Hydra, das nach dem Plan des rachsüchtigen Kentaur mit dem präparierten Gewand den Gatten tötet.[168]

Neben aller Mythisierung gab es zugleich die Suche nach fassbaren Fakten. Man mag die Fragen Spekulation nennen, welches *Pharmakon* es gewesen sein mochte, mit dem Medea die Wirkung auf den Drachen erzielte. Sie sind so alt wie die Mythen selbst. Musaios, ein mythischer Schüler des Orpheus, dem Orakelliteratur aus dem späten 6. Jahrhundert v. Chr. zugeschrieben wird, hat Extrakte vermutet, die noch heute im Mittleren Osten als antiseptisch und zur Ungeziefervernichtung in Gebrauch sind.[169] Und so wie hier wirksame Substanzen und nicht nur Firlefanz vermutet werden, mischen sich auch bei der Zubereitung eines Zaubertranks magische Handlungen – Zauberformeln und Zaubersprüche, *Aioidai*, mit heute nachweisbarer Wirkung mancher Substanzen.

Theokrit, ein Zeitgenosse des Dichters des »Argonautenepos«, stellt uns in einer seiner Idyllen die *Pharmakeutria* Simaitha vor, die mithilfe ihrer Sklavin Thestylis einen Liebestrank herstellen will. Rasend vor Liebe und Begehren, von *einer sengenden Krankheit* geschüttelt, bringt sie *Pharmaka* zum Einsatz, die sie in einer Dose aufbewahrt und in deren Anwendung sie von einem Assyrer unterwiesen wurde. Nicht weniger wirksam als die der Kirke oder der Medea sollen ihre *Pharmaka* sein. Mit ihnen, dem Beistand der Göttin der Unterwelt, Hekate, und der Göttin des Mondes soll der Geliebte, wenn er sich weiter von ihr abwendet, *an das Tor des Hades klopfen.* Solche angestrebten Wirkungen begründen sicher das Angstpotenzial, das sich im Vorwurf der Zauberin bündelt und das Platon zu seinen Vorschlägen veranlasste.

Eine Schale wird mit purpurner Schafwolle umwickelt, um das unstete Herz des Mannes zu binden. Gerstenmehl wird auf das Feuer gestreut, es schmilzt dort stellvertretend für die Knochen des Geliebten. Kleie wird verbrannt und Wachs geschmolzen. Stellvertretend für den Körper des treulosen Geliebten Delphis wird Lorbeer verbrannt, Lorbeer, der unter anderen Umständen geradezu als Allheilmittel bei unterschiedlichen Leiden galt. Als Räuchermittel eingesetzt, sollte er aber eben auch Trance fördernd wirken. In Trance dürfte sich Simaitha auch bei der weiteren Mischung des Tranks versetzt haben. Es scheint uns wieder ein Harry Potter aus einer dunklen Ecke zuzublinzeln. Es kommt Rosswut zur Anwendung, ein Kraut, nach dem in Arkadien Fohlen und Stuten rasend werden, und ein Zauberrad soll den Treulosen wieder zu ihrem Haus ziehen. Eine Eidechse wird zerrieben und in der Nacht werden Kräuter geknetet.[170] Von Theokrit erfahren wir leider nicht, ob der Zaubertrank seine Wirkung entfaltete. Vielleicht hat sich im Ergebnis der so rasend Geliebte nicht im Hades, sondern doch wieder im Bett der Simaitha eingefunden.

Nicht der wirksame Einsatz des medizinischen Erfahrungsschatzes der Frauen hat hier den Dichter gereizt. Es war die schauerlich geheimnisvolle Seite der kräuterkundigen *Pharmakides* und geheimnisvollen Zauberinnen. Sie ließen sich wie im Fall der Medea instrumentalisieren gegen das Fremde, das sie verkörperte, es diente der Mystifizierung, aber auch einem gewissen Spottbedürfnis.

Letzteres bedient die Komödie und ergeht sich in Verhöhnung einer thessalischen *Pharmakis*, deren Heimat im Ruf stand, besonders viele solcher *Pharmakides* zu beherbergen. Nachts würden sie den Mond beschwören und ihn vom Himmel holen, lässt Aristophanes in den »Wolken« den Bauern Strepsiades schwärmen. Und so macht er den Vorschlag, Athen solle doch eine dieser Frauen für sich gewinnen. Stünde der Mond nicht mehr am Himmel, könne niemand die Zeit messen und es gäbe keine Zahltermine mehr für Zinsen und Schulden.[171] Noch Goethe erwähnte im »Faust« diese *Hexen* und ihr Herabkurbeln des Mondes.[172]

Wollte man jedoch angesichts der schauerlichen Mischung der Simaitha oder solcher Sticheleien der Komödie vermuten, Frauen hätten sich mit solchem ›Zauber‹ in den Niederungen eines unwissenden Volksglaubens bewegt, können uns Ratschläge, die in den hippokratischen Schriften erteilt werden, eines Besseren belehren. In der Schrift »Über die Natur der Frauen« wird etwa zur Einleitung einer Menstruation empfohlen, einen Sud aus vier Spanischen Fliegen zu trinken, vorher aber die Füße, die Flügel und den Kopf abzuschneiden, dann fünf schwarze Samenkörner der Pfingstrose, Tintenfischeier und ein wenig Leinsamen hinzuzufügen.[173]

Die thessalischen *Gynaikes Pharmakides* entstammten wie Medea und andere *Pharmakides* einer Welt, in der Kenntnisse und Erfahrungen mit Drogen ganz selbstverständlich zum Leben der Frauen gehörten. Lediglich in der Fantasie der Nichteingeweihten und Misstrauischen bestanden ihre Kenntnisse hauptsächlich aus Zauberei. Als Medea im »Argonautenepos« die Stadt verlässt und an den Fluss eilt, ist sie Teil dieser Welt, sie kennt all die Wege, *wie es kräuterkundige Frauen zu tun pflegen*. Sie hat schon immer um die Gräber und die Plätze schwer zu gewinnende Wurzeln gesammelt.[174] Und so ist es kaum überraschend, dass in einem weiteren Idyll Theokrits ein Ziegenhirt der Wahrsagerin und Pflanzenkundigen Agroio begegnet, als sie in der Nähe der Herden Kräuter sammelt.[175]

Und doch sollte man das Potenzial magischer Praktiken und Riten keineswegs unterschätzen. Es war eine Zeit, in der viele Krankheiten nicht heilbar waren und der Tod bei Krankheit, häufig bei Frauen im Kindbett, und Kindersterblichkeit zur Alltagserfahrung gehörten. So stand neben der Erfahrungsmedizin als selbstverständlicher Teil der Heilpraxis der feste Glaube an die Hilfe von Gottheiten. Ihnen galten die Riten, und Weihgaben sollten sie gnädig stimmen.

Frauenheilkunde, Geburtshilfe und Abtreibung

Wünsche, häufig an die Göttin Artemis, Eleithyia oder die Nymphen gerichtet, konnten die Krankheit eines Kindes oder eines Verwandten ebenso betreffen wie einen Kinderwunsch, von Schwangeren eine komplikationslose Schwangerschaft und Geburt.

Um sich entweder auch der Hilfe der Göttinnen für eine leichte Geburt zu versichern oder um sich dafür zu bedanken, dass sie nicht im Kindbett gestorben waren, übergaben Frauen vor allem an die Göttin Artemis, aber auch an Hera, die Schutzgöttin der Ehe, textile und andere Weihgaben. Eine besondere Häufung findet sich in den Artemisheiligtümern von Brauron bei Athen und in einem Heraheiligtum auf Samos. Im Drama »Iphigenie in Tauros« des Euripides sollen allerdings Gewänder *von Frauen, die im Kindbett starben*, in Brauron geweiht worden sein. In der Version des Mythos, in der Iphigenie nicht getötet wird, rettet Orest seine Schwester und bringt sie zusammen mit dem Bildnis der taurischen Artemis nach Athen zurück. Die Göttin Athene erteilt ihm dort den Auftrag, der Artemis in Athen, bei den Bergen von Karystos, einen Tempel zu errichten. Iphigenie soll *bei Braurons heiligen Stufen/des Tempels Schlüsselamt verwalten für die Göttin.* Im Falle ihres Todes wird man sie dort zur Ruhe betten und ihr die besagten Gewänder weihen.[176] Insbesondere diese Anweisung der Göttin macht die Gefahr deutlich, die eine Geburt damals für Frauen darstellte.

Nach der Geburt wurde der Säugling oder das Kleinkind den Göttinnen präsentiert, um zu danken, aber auch um Schutz zu erbitten. Ob man diese Vorstellungen aus heutiger Sicht nachvollziehbar oder einleuchtend findet, sei dahingestellt. Zwischen psychischem Befinden der Patienten und einer Besserung oder Verschlechterung bestimmter Beschwerden stellt man auch heute immer deutlicher einen Zusammenhang her. Das Vertrauen in die Wirksamkeit von Opfergaben für Göttinnen der Geburt, Artemis und Eleithyia, oder der Gesundheit, Hygieia, und des Heilgottes Asklepios wie auch in den Einsatz magischer Formeln mag eine vergleichbare Wirkung besessen haben. Zu den Heiligtümern des Asklepios zumindest kamen Scharen von Menschen, die sich dort Heilung erhofften.

Eine schwangere Frau in Begleitung opfert den Nymphen für eine erfolgreiche Geburt

Dennoch darf man daneben guten Gewissens einen Großteil des in den hippokratischen Schriften aufgezeichneten Wissens zu Geburtshilfe, Frauenkrankheiten und Abtreibung als traditionelles, von Mutter zu Tochter oder sonst unter Frauen weitervermitteltes Wissen annehmen. Nachbarschaftshilfe, bei der Mütter und Nachbarinnen den Wöchnerinnen während der Geburt beistanden, gehörte zur Grundvoraussetzung eines gedeihlichen Miteinanders.

In einem sehr alten Text – einem homerischen Hymnos, vermutlich stammt er aus der zweiten Hälfte des 7. Jahrhunderts v. Chr. – finden wir die frühe Schilderung einer Geburt, wenn auch der eines Gottes. Wobei in Griechenland die Götter nicht anders als die Menschen lebten. Die Göttin der Geburt, Eleithyia, unterstützt die Gebärende, und auch andere Göttinnen scheinen sich zur psychologischen Unterstützung eingefunden zu haben. Sie haben nach der Geburt die Aufgabe, das Neugeborene zu waschen und in Tücher zu wickeln. Es handelt sich um Apollon, den Sohn der Titanin Leto, mit dem sie von Zeus schwanger geworden war. Als erschwerend bei dieser Geburt, so schildert es der Hymnos, war die Suche nach einem gefahrlosen Geburtsort. Denn Zeus hatte nach seiner Affäre seine Schwester Hera zu seiner Gattin gemacht, deren nicht unbegründete Eifersucht in vielen griechischen Mythen sprichwörtlich wurde. Als Leto nun kurz vor der Geburt stand, fand sie daher Aufnahme nur auf der Insel Delos. Alle anderen Länder hatten – wegen Heras Rachsucht – ihre Aufnahme abgelehnt. Trotz dieses Boykotts betrat nach Letos Ankunft Eleithyia die Insel und die Wehen setzten ein.

> *Sie schlang ihre Arme um die Palme und stemmte die Knie in die weiche Wiese, und die Erde unten lächelte, und er – Apollon – sprang hervor in das Licht, und alle Göttinnen jubelten.*
> *Dann, erhabener Phoibos, wuschen dich die Göttinnen*
> *heilig und rein mit herrlichem Wasser*
> *und wickelten dich in ein feines neugewobenes weißes Laken*
> *und legten ein goldenes Band um dich.*
> *Seine Mutter aber säugte den goldschwertführenden Apollon nicht,*
> *sondern Themis reichte ihm mit unsterblichen Händen*
> *eine erste Gabe von Nektar und lieblicher Ambrosia,*
> *und Leto freute sich, dass sie den starken Sohn, den Bogenträger, geboren hatte.*[177]

In der »Mythologischen Bibliothek« des Apollodor findet sich dagegen der Hinweis, Leto habe Zwillinge geboren, zuerst ihre Tochter Artemis und danach erst Apollon. In dieser Version des Mythos wird sie durch die Göttin Artemis unterstützt, die als Geburtshelferin fungiert.[178] Eine weitere Version des Mythos besagt, Leto habe an eine Palme gebunden ihre beiden Kinder ohne Hilfe zur Welt gebracht.

In der Menschenwelt gab es besonders erfahrene Geburtshelferinnen, wie es die Mutter des Sokrates war, eine »sehr berühmte und mutige« Hebamme, eine *maia*, mit dem Namen Phainarete. Von ihr erfahren wir durch Platons Dialog »Theaitet«.[179] Er gestattet einen informativen Einblick in die Kenntnisse dieser Frauen. Theaitet kommt zu Sokrates und klagt, er habe Geburtsschmerzen. Weil er die wie ein Embryo in ihm rumorenden Gedanken nicht adäquat äußern kann, hilft ihm Sokrates, sie mit der Kunst seiner Mutter, der Hebammenkunst – *maieutike* – zu ›gebären‹. Es waren dieser Schilderung zufolge vor allem ältere Frauen – selbst nicht mehr im gebärfähigen Alter –, die aufgrund der eigenen Erfahrung die Situation der Gebärenden gut kannten und ihnen halfen.

Du weißt doch wohl, so Sokrates, *daß keine, die noch selbst empfängt und gebärt, andere entbindet, sondern nur welche, die selbst nicht mehr fähig sind zu gebären, tun es.*

Diese Einschränkung wurde darauf zurückgeführt, dass auch die Göttin Artemis selbst keine Kinder hatte. Durch Arzneimittel, *Pharmaka,* und magische Besprechungen, so Sokrates, könnten die Hebammen Wehen erregen oder Wehenschmerzen lindern, den Geburtsvorgang fördern und auch schwer gebärenden zur Geburt verhelfen. In Notfällen leiteten sie auch eine Fehlgeburt ein.

Präsentation eines Neugeborenen und Überbringung von Weihgaben im Heiligtum der Artemis

Diese Frauen werden gewusst haben, dass Myrrenharz die Wehentätigkeit der ›brüllenden Gebärmutter‹ mäßigt und den Geburtskanal öffnet, dass es rasch Menstruation und Fötus aktiviert, wenn es mit Wermut, Lupinenextrakt oder Rautensaft in Zäpfchenform angewendet wird, wie es Dioskurides in seiner Sammlung beschreibt. Es dürfte ein allgemein eingesetztes Mittel gewesen sein, da es in Form kleiner Pillen von Bohnengröße auch gegen chronischen Husten, Atemnot und Brustschmerzen, aber auch gegen Durchfall und Ruhr empfohlen wurde.[180]

Neben der Bezeichnung Hebamme, *maia*, wurden diese erfahrenen Frauen, die den Gebärenden beistehen, auch *omphaletomos* genannt, die *die Nabelschnur durchschneidet.*[181] Andere werden als *iakestrides*, heilende Frauen, bezeichnet, was die Geburtshilfe um den

Aspekt des Heilens erweitert.[182] Im Terminus *iatromaia* fließen ebenfalls Ärztin, *iatros*, und Hebamme, *maia*, zu einem Begriff zusammen.[183] Einer solchen *iatromaia,* der Phanostrate, gilt im 4. Jahrhundert v. Chr. die folgende Grabinschrift, die die Aussage des Sokrates bestätigen könnte, dass Hebammen in der Regel ältere Frau waren:

Phanostrate, eine Frau fortgeschrittenen Alters.
Hebamme und Ärztin, liegt hier,
sie brachte niemandem Schmerzen, allen war ihr Tod schmerzlich.[184]

Eine besondere Wertschätzung wird im 1. Jahrhundert v. Chr. der Ärztin Antiochis in der Stadt Tlos in Lykien, der heutigen Türkei, entgegengebracht. Auf Beschluss des Rates und der Bürgerschaft wird ihr erlaubt, für sich ein Standbild zu errichten. Diese außergewöhnliche Ehre wurde ihr *aufgrund ihrer Erfahrung in der Heilkunst* gewährt, wie die Inschrift besagt.[185] Ihr hat der Arzt und Pharmakologe Herakleides eine medizinische Schrift gewidmet,[186] und eines ihrer Rezepte ist durch den Arzt Galen überliefert.[187] Auch andere berühmte antike Ärzte haben Hebammenbücher verfasst, deren Inhalt als das gesammelte Wissen solcher Frauen gelten kann, die in diesem Metier tätig waren. Das älteste – nur fragmentarisch erhaltene – stammt von dem im 3. Jahrhundert v. Chr. in Alexandria tätigen griechischen Arzt Herophilos von Chalkedon.[188]

Das am besten erhaltene Hebammenbuch, *Gynaikeia*, ist das des griechischen Arztes und Medizinschriftstellers Soranus. Er machte seine Aufzeichnungen allerdings zu einer Zeit, um etwa 100 n. Chr., in der sich schon eine ausgeprägte Spezialisierung von Ärzten und Hebammen entwickelt hatte. Hebammen sind, obwohl zumindest im griechischen Raum von Ärzten unabhängig Handelnde, jetzt teilweise zu Zuarbeiterinnen von Ärzten geworden. Und doch sind Soranus' Hinweise mit entsprechender Vorsicht auch für eine frühere Zeit aussagekräftig. Von den Informationen des Sokrates über die Tätigkeit seiner Mutter unterscheiden sie sich lediglich durch das aufgezeichnete Detailwissen.

Die beste Geburtshelferin zeichnet sich demnach durch eine souveräne Beherrschung der praktischen Aufgaben aus, ergänzt jedoch zu dieser Zeit durch eine gründliche Kenntnis der Lehrmeinungen. Sie soll immer das Folgende bei sich haben:

Olivenöl (sauber, nicht schon zum Kochen benutzt), warmes Wasser, Salbe, weiche Meeresschwämme, Wolle, Tücher, um den Säugling einzuwickeln, ein Kissen, auf das der Säugling gelegt wird, Geruchsstoffe, um jemanden aus der Ohnmacht zu wecken, Minze, Gerstenschrot, Graupen, Gerstenmehl, Äpfel, Zitronen, Melonen und Gurken.

Als Methoden, Geburtsschmerzen zu lindern, werden leichte Massagen empfohlen, mit einem in warmes Olivenöl getauchten Tuch, das über die Bauch- und Genitalgegend gelegt wird. Ergänzend können Flaschen, mit warmem Wasser oder Öl gefüllt, an die Seiten der Gebärenden platziert werden. Die Hebamme soll die Gebärende zur richtigen Atmung anhalten, im geeigneten Moment den Atem anzuhalten oder zu pressen. Für die Phase des Auspressens würden drei Personen benötigt, zwei, die an beiden Seiten der Gebärenden stehen, sie beruhigen und ihr Halt geben, und eine im Rücken, die sie stützt. Lässt das nicht auch an Leto und die Geburt des Apollon denken?

Auch nach der Geburt sollen die Wöchnerinnen mehrere Tage in der Umsorgung einer Hebamme bleiben, die sich mit um das Neugeborene kümmert. Sofort nach der Geburt aber soll die Hebamme das Neugeborene untersuchen, klären, ob es gesund ist, alle Gliedmaßen vorhanden sind, alle Körperöffnungen der Norm entsprechen, ob es normal auf Berührung reagiert. Sie soll das Baby kurz schreien lassen. Offen bleibt hier jedoch, welche ›Mängel‹ die Hebamme veranlassen könnten, ein Neugeborenes als nicht lebensfähig oder ›lebenswürdig‹ zu erklären.[189]

Ob die Athenerin Praxagora, die in der Komödie des Aristophanes »Die Frauen in der Volksversammlung« ihrem Mann gegenüber vorgibt, eine gute Freundin habe sie rufen lassen, als deren Wehen einsetzten, all diese Anforderungen erfüllt hätte? Wir wissen es nicht. Aber sie wäre auch keine ›hauptamtliche‹ Geburtshelferin gewesen, von denen das Hebammenbuch des Soranus ausgeht. Sie gehörte zu jenen Frauen, die auch nachts zu Hilfe gerufen wurden, wenn eine Nachbarin oder Freundin sie benötigte. Praxagora konnte ihrem Ehemann ihre Abwesenheit vor dem Morgengrauen jedenfalls damit plausibel machen.[190] Sie hat zwar stattdessen die Frauen Athens zu einer Versammlung gerufen, um anstelle der Männer die Verwaltung der Stadt zu übernehmen. Aber da sich der zunächst misstrauische

Gatte mit ihrer Erklärung ohne Weiteres zufriedengab, war das sicher eine der überzeugendsten Gründe, die sie anführen konnte.

Hyginus erzählt im 2. Jahrhundert n. Chr. in seiner Nacherzählung von Mythen und Sagen ausführlich die Geschichte einer Hebamme und Heilerin in Athen. Ob überhaupt und wenn ja für welche Zeit seine Schilderung zutrifft, lässt sich schwer sagen. Ihm war offenbar das unabhängige Wissen von Hebammen ohne professionellen Ärztestand fremd geworden. Obwohl ja im griechischen Raum Frauen nachweislich Hebammen waren, berichtet er, die ›Alten‹ hätten keine Hebammen gehabt. Nur Männer hätten Geburtshilfe geleistet oder Frauenkrankheiten behandelt, da die Athener irgendwann einmal verordnet hätten, dass weder Sklaven noch Frauen die Heilkunst erlernen dürften. Daher seien in der Folge viele Frauen bei der Geburt gestorben, da sie sich scheuten, sich von Männern helfen zu lassen. Er erzählt von einer jungen Frau aus Athen, Hagnodike, die Hebamme und Heilerin werden wollte und sich deshalb die Haare abschnitt, Männerkleider anzog und nach Alexandria ging. Dort studierte sie bei dem Arzt Herophilos, der um das Jahr 300 v. Chr. dort tätig war. Nach Abschluss ihrer Ausbildung, so Hyginus weiter, kehrte sie nach Athen zurück und ging, als sie hörte, dass eine Frau in den Wehen lag, zu ihr. Von der Schwangeren für einen Mann gehalten, dem sie sich nicht anvertrauen wollte, gab sich Hagnodike als Frau zu erkennen. Daraufhin wurde sie als Hebamme akzeptiert.

Hyginus gibt sich sichtlich Mühe, das Verquere seiner Historie glaubwürdig zu machen und führt männliche Konkurrenten an, die den Mann, für den sie Hagnodike hielten, der Verführung und des Betrugs anklagten. Vor Gericht jedoch, so der Autor mit Gespür für Dramatik, hob sie *ihr Gewand auf und zeigte ihnen, dass sie eine Frau war*. Selbst das aber habe die männlichen Kollegen zunächst nicht besänftigen können. Erst als jene Frauen, denen sie geholfen hatte, selbst vor Gericht erschienen und die Männer anklagten, habe das zur Änderung des alten Gesetzes geführt. Erst danach hätten freie Frauen die Heilkunst erlernen dürfen.[191] So gelingt es ihm zwar, eine spannende Geschichte zu erzählen, aber gleichzeitig den Verlauf der Entwicklung völlig auf den Kopf zu stellen.

Sokrates, der etwa 600 Jahre vor Hyginus dem Theaitet die Hebammentechniken seiner Mutter für die ›Geburt‹ seiner in ihm gärenden Gedanken empfohlen hatte, betonte dagegen ausdrücklich, dass in seiner Zeit keiner wisse, dass er die Kunst der Hebammen ausüben könne. Auch wenn dies in die Rubrik sokratischer Ironie fallen mag, scheint er es zu erwähnen, weil es in klassischer Zeit gerade für Männer gänzlich unüblich war, sich des Hebammenwissens zu rühmen.

Sokrates' Hinweisen auf Geburtshilfe schließen sich sogar solche auf weitere Aufgabenkreise in den Händen der Geburtshelferinnen an. Dazu gehörte eine frühe Diagnostik. Denn ob eine Frau schwanger war oder nicht, wurde von den Hebammen am besten erkannt. Ihnen wären auch verschiedene Substanzen bekannt, die eine Empfängnis fördern konnten, da ein unerfüllter Kinderwunsch eine schwere Belastung war. Andererseits könnten sie aber auch, fährt Sokrates fort, *das Kind,* wenn die Frauen *beschlossen haben, sich dessen zu entledigen, so lange es noch ganz klein ist, [...] abtreiben.*[192]

Damit wären wir bei einem Sachverhalt angelangt, der in der griechischen Antike allein Angelegenheit der Frauen war: Geburtenregelung und Abtreibung. Anders als beim Schwangerschaftsabbruch heute, gab es dazu keinerlei gesetzliche Regelungen. Ganz selbstverständlich wird in den antiken Pflanzenbüchern die abtreibende Wirkung vieler Substanzen neben ihrer Wirkung gegen Halsschmerzen, Übelkeit, gegen Juckreiz, Ohrenschmerzen und Hämorrhoiden erwähnt. Daraus lässt sich der Eindruck gewinnen, dass das Thema keinerlei moralischen Abwertungen unterlag. Die Philosophen Platon und Aristoteles befürworten Abtreibung sogar als ein Mittel zur Regulierung der Bevölkerungszahl. Für Platon schien dies angebracht, wenn ein ›günstiges‹ Alter der Fruchtbarkeit überschritten war. Nach Ansicht des Aristoteles solle man *ein Kind entfernen*, bevor es Wahrnehmung und Leben erhalten hat.[193] In den medizinischen Schriften kommt Abtreibung dagegen kaum vor, und im hippokratischen Eid wird sie eindeutig abgelehnt.[194] Daher mutet ein Bericht über eine Abtreibung wie ein makabres Schauermärchen an, zu der offenbar einer der hippokratischen Ärzte dann – trotz allem – geraten hatte:

> *Ich wies sie an, auf und ab zu springen und zwar so, dass sie mit den Fersen bei jedem Sprung ihr Hinterteil berühre. Nachdem sie nicht mehr als sieben Mal gesprungen war, gab es ein Geräusch. Der Embryo fiel zu Boden und das Mädchen sah ihn mit großer Verwunderung an.*[195]

Viele Frauen dürften gewusst haben, dass die abtreibende Wirkung zahlreicher Pflanzen, wie sie die antiken Pflanzen- und Arzneimittelbücher erwähnen, immer eine Frage der Mischung und Dosierung ist.[196] Es werden unzählige Substanzen empfohlen, die die Menstruation fördern oder den Embryo austreiben sollen. Anders dosiert gelten sie als Mittel zur Kurierung gynäkologischer Krankheiten und Beschwerden, dienen zur Erleichterung der Geburt oder zur Anregung der Milchproduktion, zur Dämpfung oder Steigerung der Libido. Mönchspfeffer etwa, auch Keuschlamm oder Lygos genannt, sollte die Geburt erleichtern, die Milchproduktion anregen, ebenso aber die Menstruation in Gang setzen, wenn die Substanz in einer Dosis von einer Drachme mit Wein genommen werde. Eine Abkochung aus seinen krautigen Bestandteilen und der pfefferartigen Frucht sollte gegen Störungen und Entzündungen im Uterus helfen. Die stark duftenden Samen aber, mit Poleiminze getrunken oder als Räucherung angewendet, könnten einen Abgang der Frucht auslösen.[197]

Eine zusätzliche Wirkung kannten die Teilnehmerinnen an den *Thesmophorien,* dem wichtigsten Frauenfest zu Ehren der Göttin Demeter, dem Aristophanes eine seiner Komödien gewidmet hat. Der zweite Tag des Festes galt der Trauer der Göttin um ihre in den Hades entführte Tochter Persephone.[198] Verheiratete Frauen fasteten und saßen auf geflochtenen Matten aus den elastischen und stark duftenden Zweigen des Lygos. Wie man heute weiß, enthalten besonders die Samen des Lygos, die als Art Pfeffer genutzt werden können, ein Hormon, das eine Dämpfung der Libido bewirkt. Insofern konnte die Pflanze unterstützend eingesetzt werden, wenn sich die Frauen mehrere Tage in ritueller Enthaltsamkeit übten. Gleichzeitig aber löst dieses Hormon prämenstruelle Krämpfe aus. Der Wirkungsbereich des Mönchspfeffers *(Lygos),* der zur typisch griechischen Flora gehört, reicht somit vom Mittel zur Abtreibung über eine bei Frauenriten gewollte Libidodämpfung bis hin zum medikamentösen Einsatz bei der Menstruation.

Mit Geburtshilfe und Abtreibung war die Frauenheilkunde jedoch keineswegs erschöpft. Sie erstreckte sich naturgemäß auch auf die Behandlung von Frauenkrankheiten, für die ebenso umfangreiche Kenntnisse erforderlich waren. Noch das von Hyginus berichtete Misstrauen gegen eine Behandlung durch männliche Ärzte bestärkt in der Annahme, dass dies traditionell ein Bereich der Frauen war. Hundertfach finden sich in der Arzneimittellehre des Dioskurides Anwendungen vor allem von Pflanzen beschrieben, die zwar auch beide Geschlechter befallende Krankheiten lindern oder heilen sollen, in spezifischer Dosierung und Anwendung hilfreich bei Frauenleiden sind.

Wie der Mönchspfeffer hatte auch Lorbeer, in dessen Strauch sich die Nymphe Daphne – der griechische Name für Lorbeer – verwandelte, als sie von Apollon verfolgt wurde, weit gefächerte Wirkungsbereiche. Er spielt zwar als Zutat zum Liebestrank der *Pharmakeutria* Simaitha eine bedeutende Rolle, kam aber vor allem im Kult als Räuchermittel zum Einsatz. Sein grünes Laub sollte zerrieben und aufgelegt allerdings auch wohltuend bei Wespen- und Bienenstichen wirken. Mit Brot und Gerstenmehl vermag es in dieser Form alle Entzündungen zu beruhigen, getrunken wirkt es auf den Magen und regt gleichzeitig die Menstruation an. Da Lorbeer erwärmend und erweichend wirkt, eignete er sich als Sitzbad bei krankhaften Zuständen um Blase und Gebärmutter. Beeren des Lorbeers wurden als noch wirksamer als die Blätter angesehen. Der aus ihnen gewonnene gepresste Saft sollte, mit Wein und Rosenöl eingeträufelt, bei Ohrenschmerzen, Ohrensausen und Schwerhörigkeit helfen. Die Rinde bringe innerlich zugeführt Steine zum Zerfall, sei bei Leberleiden von Nutzen, töte aber eben auch in entsprechender Zubereitung die Leibesfrucht.[199]

Die Verbreitung und Tradierung solcher und anderer Kenntnisse ist undenkbar ohne entsprechende Netzwerke der Frauen. Am wahrscheinlichsten erfolgte die Weitergabe über Frauenkulte, in denen die Jüngeren in die Kenntnisse der Älteren eingewiesen wurden. Hier waren sie in ein gut organisiertes weibliches Umfeld eingebunden, in dem auch Normen installiert und eingeschärft werden konnten, die beim Umgang mit – nicht nur harmlosen – Pflanzen und Substanzen notwendig waren. Etwa mit dem Schierling, der im Altertum berühmtesten Giftpflanze mit tödlicher Wirkung, für die sich auch der Philosoph Sokrates nach seiner Verurteilung zum Tode durch das Volksgericht in Athen im Jahr 399 v. Chr. entschied.

Der Schierlingsbecher des Sokrates

Theophrast berichtet in seiner »Geschichte der Pflanzen« über die Entdeckung eines Thrasyras von Mantineia, wie aus dem Schierling ein Gift bereitet wird, das ein schnelles und schmerzloses Ende bewirkt. Thrasyras habe den Saft des Schierlings, Opium und andere Kräuter so miteinander vermischt, dass eine wirksame Dosis von angenehmer Größe entsteht, die weniger als ein Viertel einer Unze wiegt. Gegen diese Mischung – lange Zeit haltbar, ohne ihre Wirkung zu verlieren – gibt es nach Theophrast kein Gegenmittel. Dioskurides dagegen empfiehlt als Gegenmittel, vermutlich etwas zu leichtgläubig, ungemischten Wein.[200]

Doch selbst Schierling war in geringer Dosis kein tödliches Gift. Als Pendant zum *Lygos* konnte er die männliche Libido dämpfen, bei Frauen die Milchproduktion mindern, bei Mädchen die Entwicklung der Brüste hemmen. Gleichzeitig wurden die zerstoßenen Samen zur Schmerzlinderung empfohlen. Es war dieses Wissen um solche Substanzen, deren Wirkungsbreite zwischen Heilmittel, Abtreibungsmittel und tödlichem Gift, das zwar wie in der Beurteilung von Zauber und Magie Misstrauen erregte, den Frauen aber auch eine nicht zu übersehende Autorität verschaffte, die unter heutigen Bedingungen kaum noch nachvollziehbar scheint.

IV. Marktfrauen, wortgewandt und wehrhaft

DIE BISHER VORGESTELLTEN AUFGABENKREISE waren ihrer Natur nach von Frauen überwiegend im Innern der Häuser zu verrichten. Nun schließt sich eine Frauendomäne an, die im Draußen, auf dem Marktplatz, situiert ist. Durch manche Publikationen über antikes griechisches Leben geistert – wenn auch nur noch selten – das Bild einer zurückgezogen lebenden, sittsamen Athenerin, die nicht einmal auf den Markt zum Einkaufen habe gehen, geschweige denn dort etwas habe verkaufen können. Die attische Komödie der klassischen Zeit aber schildert eine so bunte Marktatmosphäre, in der sich Bürgerfrauen, Sklavinnen und freigelassene Frauen als Marktfrauen so clever und wortgewandt, teils derb, teils aggressiv zeigen wie ihre männlichen Kollegen auch. Die dort tätigen Frauen standen mitten im Leben, ließen sich die Butter nicht vom Brot nehmen und die Brote, die sie zu verkaufen hatten, nicht stehlen.

Blumen, Gemüse, Brot und Parfüm als Frauendomänen

Der Marktplatz, über den wir am meisten wissen, ist die *Agora* Athens.[201] Wie das geschäftige Markttreiben in den städtischen Zentren auf die Menschen der umliegenden kleineren Siedlungen und Einzelgehöfte wirkte, offenbart die Komödie »Die Acharner«. Der Bauer Dikaiopolis lobt sein ruhiges Landleben, in dem er sich mit dem Nötigsten selbst versorgt. Er ist etwas zu früh zum Versammlungsplatz nach Athen gekommen, auf einen Platz hoch über der *Agora,* und wartet dort auf die übrigen Teilnehmer. Die Verkaufsrufe dringen von der Agora bis zu ihm herauf. Offenbar waren die Händler und Händlerinnen früher da als die Volksvertreter. Bei Sonnenaufgang – wenn der Hahn krähte – sollte nämlich die Volksversammlung wie der Markt beginnen.[202] Doch für ihn ist das alles übertriebener Rummel. Er lobt eher, dass man – anders als in der Stadt – schon einige Kilometer außerhalb nicht einmal das Wort »kaufen« kennt.

Doch in der Stadt war man stolz darauf, dass alles, was für das tägliche Leben benötigt und nicht im eigenen Haushalt hergestellt oder auch an Luxuswaren gewünscht wurde, auf dem Markt erhältlich war. Zwischen den Verkaufständen, die in unterschiedliche Abteilungen geordnet waren –, nach den Waren benannt, die dort angeboten wurden – wird es von Menschen gewimmelt haben.

Auch wenn mit einigen Übertreibungen gerade in den Komödien zu rechnen ist, lassen die dort aufgeführten Warenlisten doch das Bild eines bunten und reichhaltigen Angebots entstehen. Die Komödienschreiber Eupolis und Pherekrates erzählen von Ständen für Knoblauch und Zwiebeln, Räucherwaren, Parfüm und Salben, allerlei Flitterkram und Büchern.[203] Philippides spricht in »Der Geizige« von Eiern und Sesam und Diphilos erwähnt Myrtenbeeren.[204] In der Komödie »Die Jahreszeiten« lässt Aristophanes auch im Winter Melonen, Trauben und Birnen anbieten, neben Veilchenkränzen, Feigen und ebenfalls Myrtenbeeren in beschneiten Körben.[205]

Nikophon, ein jüngerer Zeitgenosse des bekanntesten der Komödiendichter, Aristophanes, zählt in einem wilden Durcheinander völlig Unzusammengehöriges auf. Es reicht von Fisch über Kohle, getrocknete Feigen, Leder, Mehl, kleine Gabeln, Bücher, Siebe bis hin zu süßen Kuchen und Getreide.[206] Bei Eubulos wird dieses Durcheinander dann in »Die Wohlhabenden« zur Kritik an einer allzu ausgeprägten Händlermentalität. In Athen, lässt er einen der Protagonisten sagen, werde aber auch alles zum Kauf angeboten: neben Feigen, Trauben, weißen Rüben, Birnen und Äpfeln seien Zeugen und Aufseher zu kaufen, und das alles am selben Ort. Prozesse lägen zum Verkauf neben Rosen, Mispeln, Würsten, Honig und Kichererbsen. Erstmilch, Quark und Myrten, Hyazinthen, Hammel und Wasseruhren biete man neben Wahlurnen, Vorschriften und Gesetzestexten an.[207]

Kleingeld für den Einkauf?

Da für die Märkte in den größeren Städten nicht von einem Tauschhandel auszugehen ist, muss genug Kleingeld im Umlauf gewesen sein, dass man sein Bündelchen Möhren auf dem Markt mit kleinen Münzen bezahlen konnte. Seit dem 5. Jahrhundert v. Chr. war das sicher der Fall. Als in Athen die Dienste bei der Flotte entlohnt und die Teilnahme an der Volksversammlung oder die Wahrnehmung des Richteramtes mit kleinen Beträgen entschädigt wurden, waren Geldstücke in kleineren Einheiten vorhanden.[208]

Fester Bestandteil dieser umtriebigen Welt waren die Marktfrauen. Obwohl in späten Quellen überliefert ist, in Athen dürfe eine Frau nur mit Waren im Wert bis zu einem Scheffel Gerste handeln,[209] stellten sie einen nicht unerheblichen Teil des Verkaufspersonals auf der *Agora* in Athen und sicher auch auf anderen Marktplätzen der griechischen Städte. Der Kleinhandel war geradezu eine weibliche Domäne.[210] Die *kapelis,* die Händlerin, wird häufig in Inschriften erwähnt und sie gehört zum festen Personal der Komödie. Theopomp hat sogar eines seiner Stücke nach den »Händlerinnen« benannt. Ein Teil von ihnen waren *Metökinnen,* zugewanderte freie Frauen oder auch freigelassene Sklavinnen ohne Bürgerstatus, die sich auf dem Markt ihren Lebensunterhalt verdienten, zum Teil waren wohl auch Sklavinnen dort tätig. Ein Großteil der Marktfrauen aber dürften Bürgerfrauen wie die Mitstreiterinnen der Lysistrata in der gleichnamigen Komödie des Aristophanes gewesen sein. Sie sind es, die zur Versammlung gerufen werden, um über den Sexstreik zu beraten, der die Männer Athens zur Beendigung des Peloponnesischen Krieges zwingen soll:

> *Ihr Frauen und Mitkämpferinnen,* ruft Lysistrata ihnen zu,
> *stürmt heraus, ihr Körnererbsenbreigemüsehändlerinnen,*
> *ihr Knoblauchwirts- und Brotverkäuferinnen,*
> *Rübenkohlgemüsebutterweiber,*
> *ihr Zwiebelkäsebäckerkneipenfrauen.*[211]

In diesem Gemenge an Bezeichnungen lassen sich unschwer zahlreiche Produkte identifizieren, die von Frauen angeboten wurden, von Brot über Gemüse und Gewürze, von Kränzen bis Wolle.

Gemüsehändlerinnen gilt Aristophanes' ganz ausgeprägtes Interesse. In mehreren seiner Komödien spottet er darüber, dass die Mutter des Dramatikers Euripides eine Gemüsehändlerin gewesen sei. In »Die Frauen beim Thesmophorienfest« lässt er ihn von den Frauen beschuldigen, ihren Ruf verdorben zu haben, was, wie er der Mika in ihrer Anklagerede in den Mund legt, bei der Herkunft und Kinderstube des Euripides ja auch kein Wunder wäre. Eine Kranzverkäuferin – selbst ja in einer nicht besseren Position – ergreift ebenfalls das Wort, fordert eine Bestrafung des Euripides für seine »vielen Verbrechen«, und bemerkt ähnlich wie Mika geringschätzig, er sei zwischen wilden Kräutern aufgezogen worden.[212]

Was diese Fixierung des Komödiendichters auf die Gemüseverkäuferinnen hervorgerufen haben mag, darüber lässt sich nur spekulieren. Ihre Angebote jedenfalls kann man sich durchaus als verschwenderisch vorstellen. In der Komödie »Der Frieden« etwa bittet der Bauer Trygaios die Göttin Eirene inständig darum, dass endlich der Krieg zu Ende gehen möge und mit ihm der Mangel an Knoblauch aus Megara, frühen Gurken, Äpfeln und Granatäpfeln. Und die an anderer Stelle angesprochenen Feigen, Kapern, Trauben, weißen Rüben, Birnen und Äpfel, Melonen und Myrtenbeeren wird er ebenso auf den Verkaufstischen vermisst haben. Geradezu inflationär oft genannt werden Knoblauch und Zwiebeln. Eine Gemüseverkäuferin etwa lehnt es energisch ab, ihre Zwiebeln als Zukost zum Fisch vom Fischhändler nebenan kostenlos abzugeben. Ihre Ware werde doch nicht als Tribut für unverschämte Kunden angebaut, empört sie sich, sondern zum Verkauf.

Mit der Kranzverkäuferin, die Aristophanes den Euripides anklagen lässt, wird ein Verkaufszweig erwähnt, der sicher weit verbreitet war. Sie flicht ihre Kränze zu Hause, um sie auf dem Myrtenmarkt zu verkaufen. Sie mag eine der vielen gewesen sein, denen Eupolis in seiner leider nur in Fragmenten erhaltenen Komödie »Die Kranzverkäuferinnen« ein Denkmal gesetzt hat.[213] Eine von ihnen hat besondere Berühmtheit erlangt, als sie, als Göttin Athene verkleidet, half, den verbannten Tyrannen Peisistratos nach Athen zurückzubringen. Aristoteles erzählt in seiner Schrift »Der Staat der Athener«, Peisistratos habe nach elf Jahren seiner Verbannung zunächst das Gerücht streuen lassen, die Stadtgöttin selbst wolle ihn zurückbringen. Eine ausnehmend schöne große Frau, die Kranzverkäuferin mit dem Namen Phye, wurde dann als Göttin geschmückt und zog mit Peisistratos in Athen ein. Beide standen auf einem Wagen, so Aristoteles, und machten einen solch imponierenden Eindruck auf die erstaunten Athener, dass diese den Tyrannen ehrfürchtig begrüßt und ihn wieder an der Regierung akzeptiert haben sollen.[214]

In »Der Reichtum« betreiben *Pantopolai,* man kann sie mit Gemischtwarenhändlerinnen übersetzen, eine Art kleine Restaurants, vielleicht auch nur etwas in der Art von Imbissbuden mit Weinausschank. Sie sind Weinverkäuferin und Gastwirtin in einer Person, bereiten verschiedene Gerichte zu und servieren sie an ihren Verkaufsständen. Der Komödie »Atthis« des Alexis zufolge wurde gebratener

Fisch, Stücke vom fetten Hammelfleisch und gebratene Leber serviert.[215] Beim Handel mit Fisch waren sich die Komödiendichter wie beim Verkauf von Käse nicht einig, ob ihn nun Männer oder Frauen betrieben. Pherekydes etwa behauptete, noch nie hätte jemand von einer Fischverkäuferin gehört, während Antiphanes eine solche in einer seiner Komödien auftreten lässt.[216] Auch Aristophanes lässt eine seiner Marktfrauen in den »Fröschen« Salzfisch verkaufen. Unabhängig davon müssen sich die Düfte der unterschiedlichsten Gerichte, des Gebratenen und Gegrillten, der Suppen und der frisch gebackenen Brote mit dem der Gemüse, der Kräuter und Blumen zu einer betäubenden Mischung verbunden haben.

Gastwirtinnen, *Pandokteriai,* boten darüber hinaus noch Übernachtungsmöglichkeiten an. Diese »Gasthäuser« wurden in der älteren Forschung in ein merkwürdiges Zwielicht gerückt, in dem der Eindruck entstand, die *Pandokteria* habe sich dort auch selbst ihren Übernachtungsgästen angeboten. Das muss allerdings nicht notwendig der Fall gewesen sein. Wie die etwas übersteigerte Identifizierung freizügig gekleideter junger Frauen auf Vasen als Hetären lässt sich das kaum mit den antiken Quellen in Übereinstimmung bringen. Als nämlich Dionysos in »Die Frösche« auf seinem Weg in den Hades, aus dem er die Dichter Aischylos und Euripides zu den Lebenden zurückholen will, eine Bleibe für die Nacht sucht, interessiert er sich vorrangig für eine gewisse Reinlichkeit des Etablissements, und hegt eine Abneigung gegen verwanzte Betten. Seinen Sklaven Xanthias fordert er daher unmissverständlich auf, ihm das mit dem wenigsten Ungeziefer zu nennen.[217]

Die Figur des Herakles, der angeblich gerne und viel isst, schien sich für Aristophanes besonders zu eignen, auch die fast sprichwörtlich gewordene Wehrhaftigkeit der Marktfrauen wie die Unverschämtheit der Kunden vorzuführen. In seiner verwickelten Verkleidungsgeschichte – Dionysos tritt eigentlich als Herakles auf und tauscht sein Kostüm dann zu allem Überfluss noch mit seinem dreisten Sklaven Xanthias – gebärdet sich der Sklave im Herakleskostüm als Flegel und Vielfraß. Er verschlingt erst einmal – ohne zu bezahlen – 16 Brote, worüber sich zwei der betroffenen Gastwirtinnen lautstark beschweren. Damit nicht genug, bestellt er noch mehrere Portionen gekochtes Fleisch für 20,5 *Obolen,*[218] um sie mitzunehmen. Unmengen an Knoblauch verlangte er zusätzlich, beklagt sich die eine, von der Masse an Salzfisch gar nicht zu reden. Und ihre Kollegin Plathane bestätigt geschäftstüchtig, den frischen Käse, der zu ersetzen wäre, hätte der Bursche gleich samt den Körben aufgegessen. Und selbst den habe er nicht bezahlt. Als sie ihm die Rechnung präsentierte, habe er sie nur abfällig angesehen und losgebrüllt, um danach sogar sein Schwert zu ziehen.

Da sie dieses Verhalten dann doch erschreckte, versteckte sie sich erst einmal. Eine Gelegenheit, die der Marodeur zur Flucht nutzte, nicht ohne noch eine ihrer Matratzen mitzunehmen. Die beiden Frauen lassen danach ihrem Ärger freien Lauf, und bei ihren Schimpfreden bleibt an Derbheit nichts zu wünschen übrig. Sie reichen von der Drohung, dem Dieb mit einem Stein die Zähne einzuschlagen, bis zum Wunsch, ihm mit der Sichel ein wichtiges Körperteil zu entfernen.[219] Dionysos belehrt angesichts solcher Derbheit Aischylos und Euripides – die wieder unter den Lebenden weilen –, sich im Wettstreit, wer von beiden die bedeutendere Kunst geschaffen habe, auf keinen Fall wie Marktfrauen zu benehmen. Ruhig und mit Bedacht sollten sie ihre Argumente vortragen und nicht ärgerlich loszanken wie eine Brotverkäuferin.[220]

Die in der Komödie oft zum Klischee erstarrte Streitlust von Marktfrauen paart sich vereinzelt auch mit dem Vorwurf, es mit Maß und Gewicht nicht immer sehr genau zu nehmen. So halten zwei Männer die Göttin der Armut, *Penia,* in der Komödie »Der Reichtum« für eine Gastwirtin, eine Hülsenfrüchteverkäuferin, dann aber für eine betrügerische Händlerin aus der Nachbarschaft. Da sie schon beim ersten Zusammentreffen ein lautstarkes Geschrei erhob und die Männer mit einem grässlichen Tod bedrohte, hatten sie zunächst fälschlich in ihr eine der *Erinnyen,* der Rachegöttinnen aus der Tragödie, gesehen, da sie dabei so blass, manisch und auch wieder tragisch wirkte.[221]

Dennoch war die der Lächerlichkeit preisgegebene und karikierte Wehrhaftigkeit der Marktfrauen nicht nur im Fall des verkleideten Herakles bitter nötig. In der »Lysistrata« haben sich ältere Marktfrauen gegen herumstreunende Soldaten zur Wehr zu setzen. Eine von ihnen berichtet empört, ein langhaariger Reiteroberst zu Pferd habe sich besonders wild gebärdet. Das Brot, das er in seinem Filzhut verstaute, hat er aber anders als der falsche Herakles wenigstens bezahlt. Einer Feigenverkäuferin dagegen hatte ein Thraker mit seinen Waffen Angst eingejagt, um ihr die getrockneten Feigen zu stehlen.[222] In den »Wespen« empört sich der Chorführer, dass jemand sogar den Teigtrog einer Brotverkäuferin zu Feuerholz zerschlagen habe. Myrtia, ebenfalls eine Brotverkäuferin, musste besonders schlechte Erfahrungen gemacht haben. Sie beklagt sich, dass sie ein Mann sogar mit der Fackel geschlagen und dabei ihre Brote demoliert habe. Sie versuchte sich selbst mit einem Stock zur Wehr zu setzen. Weil er sie aber auch noch verspottet, fordert sie ihn entschlossen auf, mit ihr vor den *Agoranomoi,* den Marktaufsehern, zu erscheinen. Indem sie Vater- und Mutternamen nennt, weist sie stolz auf ihren Status als Bürgerin Athens hin.[223]

Frau vor einem Backofen

Dass gerade Brotverkäuferinnen in solcher Häufung auftreten, muss angesichts dessen, dass Brot und Getreide einen Hauptteil der Ernährung ausmachte, nicht verwundern. Xenophon etwa berichtet in seinen »Erinnerungen an Sokrates«, dass sich viele durch das Backen von Brot ihren Lebensunterhalt verdienten.[224] Manche der Frauen verkauften ihre Brote oder Kuchen ganz frisch aus dem Ofen. Das Gebäck ist noch so heiß, dass der Honig, der dabei auf die Öfen tropft, laut zischt.[225] Vielleicht haben sie dabei hinter ihren kleinen Backöfen gehockt, wie Terrakottafiguren aus Frauengräbern zeigen. Den Honig, der in Ermangelung von Zucker zum Süßen von Speisen unerlässlich und in unzähligen Zubereitungen für Heilmittel als wichtige Substanz enthalten war, könnten die Brotverkäuferinnen gleich von den ebenfalls häufig erwähnten Honigverkäuferinnen, den *Melitopolai,* erworben oder eingetauscht haben.[226]

Neben Lebensmitteln scheint der Verkauf von *Pharmaka* eine Domäne der Frauen gewesen zu sein. In Inschriften sind fast ausschließlich Frauen mit der Bezeichnung *myropolides,* Parfümverkäuferin, und *pharmakopolai,* Verkäuferinnen von *Pharmaka,* erwähnt.[227] Das ›Duftgewerbe‹ mit Salbölen und Parfüms sei, wie Pherekrates behauptet, ausschließlich etwas für Frauen: Kein Mann würde auf einer Bank unter einem Schirm sitzen und Duftöl verkaufen wollen.[228] Allerdings scheinen ägyptische Händler damit keine Probleme gehabt zu haben. Das aus ihrer Heimat stammende Parfüm soll einen besonders guten Ruf gehabt haben und sei in Silber aufgewogen worden. Der Bedarf war sicher groß, denn Öle und Duftessenzen wurden von Männern wie von Frauen verwendet. Es gehörte zu einem Mahl, und nach dem Essen war es üblich, die Hände mit Wasser und Seife zu reinigen und danach etwas Öl auf die Hände zu geben, es konnte Myrrhen- oder auch Veilchenöl sein.[229] Ein Arzt beschreibt die Wirkung in seiner Schrift »Über den Stoff« so:

Rosenduft passt zu einem Trinkgelage, ebenso Myrte und Quitte.
Letztere wirkt auf den Magen und ist für Lethargiker angemessen.
Mädesüß, das ebenfalls auf den Magen wirkt, hält den Verstand klar.
Majoran- und Thymiandüfte passen ebenfalls zu einem Trinkgelage,
ebenso Safran, sofern er nicht mit Myrrhe vermischt ist.
Myrrhenöl ist ebenfalls ... geeignet, außerdem Lavendelöl.
Bockshornkleeduft ist süß und sanft,
Levkoje aromatisch und sehr verdauungsfördernd.[230]

Zu den genannten *Pharmaka,* mit denen Frauen handelten, zählte daher ein breites Spektrum an Ingredienzien, die als Parfüm, Kosmetika, Räucherwerk bis hin als Medizin verwendet werden konnten. Es sind wohl der Eigenbedarf der Mittel, aber sicher auch ihre unterschiedlichen Verpflichtungen, die Frauen eine besondere Nähe zu diesem Verkaufszweig entwickeln ließen. Sie verwendeten Räucherwerk im Kult, bei der Beduftung von Textilien. Nicht zuletzt wurden zahlreiche Pflanzen, die duftende Balsame, ätherische Öle und wohlriechende Harze enthalten, bevorzugt im Kult der Göttin Aphrodite eingesetzt, der Frauen oblag. Ebenso der Dienst an den *Chariten,* die sich im Gefolge der Aphrodite am besten auf Salben und Duftöle verstanden. Den »Kyprien« zufolge, einem Text etwas jünger als die homerischen Epen, haben *Horen* und *Chariten* für die Göttin die Gewänder gewebt, *die nach Krokos und Hyakinthos, üppigen Veilchen, und der nektarisch süßen Blüte der Rose, den ambrosischen Kelchen der Blüte des Narkissos, des schönumflossenen* dufteten.[231] Solche Vorbilder vor Augen, konnten Frauen ihr Wissen und ihre Erfahrungen in das ›Duftgewerbe‹ einbringen. In Aristophanes' »Frauen bei der Volksversammlung« sind, als bekannt gegeben wird, dass die Tische für das Festessen zur Feier des Sieges vorbereitet, die Sitzgelegenheit mit Kissen belegt sind und der Wein gemixt und in *Kratere* gefüllt ist, auch die Parfümverkäuferinnen, *Myropolides,* anwesend.[232]

Unter *Pharmaka* waren allerdings nicht allein kosmetische und duftende Substanzen zu verstehen. Es mochte sich auch um psychoaktive Substanzen handeln, wie sie die Mutter des mythischen Helden Meleager in ihrem Haus aufbewahrte. Es gehört sicher zu den üblichen Übertreibungen des Aristophanes, wenn er behauptet, sie bewahre eine ganze Truhe davon auf, die sie von einem Händler aus Megara erworben habe.[233] Da es sich beim Handel mit *Pharmaka* selbst bei geringen Mengen um ein heikles Geschäft handeln konnte, wurden nicht nur die ägyptischen Parfümverkäufer verdächtigt, sie böten Zaubertränke an. Sollte nach der Anwendung solcher Mittel der oder die Behandelte das Zeitliche segnen, bestand die Gefahr, dass die Händlerin vor Gericht gezogen worden wäre.

Ein Sektor auf dem Marktplatz, der in enger Verbindung mit den Arbeiten der Frauen innerhalb des Haus stand, war der Verkauf von Spinn- und Webarbeiten. Obwohl vorwiegend für den eigenen Gebrauch bestimmt, befanden sich unter den textilen Produkten, die angeboten wurden, gesponnene Wolle, gewebte Wollstoffe und besonders wertvolle feine Leinenstoffe.[234] Dass Bürgerfrauen, nicht immer aus einer Notlage heraus, ihr Garn oder ihre fertigen Gewebe auf den Markt brachten, legt der Alptraum einer Frau in der Komödie »Die Frösche« nahe. Sie muss nachts ihre Wolle spinnen, um sie am Morgen zum Markt zu tragen und sie dort zu verkaufen. Nach dem Erwachen befindet sich die Träumerin dann jedoch keineswegs in solch prekärer Lage.

In einer Rede des Demosthenes wird allerdings auf schwierige Zeiten verwiesen, die Bürgerinnen zu Tätigkeiten zwängen, die sie in besseren Zeiten nicht ausgeführt hätten.[235] So erhebt sich die Frage, wie angesehen die Tätigkeit auf dem Markt damals war. Der Redner hatte vor Gericht zu beweisen, dass der Sohn einer Frau, die mit gewebten Bändern handelte, das Bürgerrecht besaß. Folgten die Richter dem Kläger, der es anzweifelte, könnte er sein Erbe nicht antreten, das ihm als Bürger zustand. Allerdings, darauf verweist Demosthenes, hatte es einen Volksbeschluss gegeben, nach dem jene wegen übler Nachrede angeklagt werden kannten, die Marktgeschäfte von Bürgern oder Bürgerinnen diskreditierten.

Nicht nur angesichts solcher Debatten wäre es ein Trugschluss, die Tätigkeiten der Marktfrauen als etwas zu missdeuten, das wir heute unter Emanzipation verstehen. Auch wenn es nicht ehrenrührig war, auf dem Markt etwas zu verkaufen, und die Frauen als durchweg selbstbewusst erscheinen, so war es sicher das Bestreben zumindest der Bürgerfrauen, nicht auf den Verkauf angewiesen zu sein.

Frauen an Brunnen und Quellen

V.

WASSER, EIN UNVERZICHTBARES ELEMENT für so viele Dinge des täglichen Lebens, musste von Frauen von Brunnen oder Quellen in die Häuser getragen werden.[236] Es wurde zum Trinken, zum Kochen, dem Säubern des Geschirrs, zum Baden oder Waschen der Menschen gebraucht. Dazu kam noch Wasser für in der Nähe des Hauses gehaltene Tiere. Wenn auch die damals verbrauchten Wassermengen in den antiken griechischen Haushalten weit geringer als heute gewesen sein dürften, so gehörte das Wassertragen sicher mit zu den beschwerlichsten Arbeiten. Die Mythen von den *Danaiden,* die als Strafe für die Ermordung ihrer Ehemänner auf ewig Wasser in durchlöcherte Gefäße schöpfen, weisen auf diese nie endenden Bemühungen hin.

Wasserträgerinnen

Schon in den Epen Homers ist das Wasserholen Frauensache. Als Hektor, der tapferste Kämpfer Trojas, an die Niederlage Trojas und die Zukunft seiner Gattin Andromache denkt, sind es zwei Arten von Sklavenarbeit, die er für sie befürchtet: entweder in einem fremden Haus weben zu müssen oder Wasser von den Quellen heranzutragen.[237] Andererseits ist diese so typische Tätigkeit keineswegs nur von Sklavinnen verrichtet worden. Selbst Göttinnen, wenn sie Menschengestalt annehmen, erscheinen in der Gestalt der Wasserträgerin. Als junges Mädchen, das einen Wasserkrug trägt, zeigt sich Athene dem Odysseus, als er die Stadt der *Phaiaken,* des mythischen Seefahrervolks, betritt.[238] Im homerischen Hymnos an die Göttin Demeter geht diese auf der Suche nach ihrer Tochter Persephone in den Orten, die sie aufsucht, als erstes zum Brunnen. Dort befragt sie in Gestalt einer Älteren die jungen Frauen, die sich dort aufhalten. *Mädchen füllten mit Wasser die blinkenden Krüge und trugen sie in stolzer Haltung weg,* heißt es. Der Brunnen war ein Ort der Begegnung und scheint geradezu als Infobörse zu funktionieren, denn sie fragt, ob sie nicht jemanden wüssten, der Hilfe im Haus oder für die Kinderbetreuung sucht.[239] Und so dürfte es kein Zufall sein, dass sich der nach Ithaka zurückgekehrte Odysseus nahe beim Brunnen oder der Grotte der Nymphen mit Athene bespricht, so wie der heimgekehrte Orest seiner Schwester Elektra begegnet, als sie Wasser in einem Krug nach Hause trägt.[240] Wegen der Gefahr des sich Verplauderns am Brunnen, auf dem Weg dorthin oder von dort zum Haus ermahnt in der »Odyssee« die alte Dienerin Eurykleia die Jüngeren, sich beim Wasserholen zu beeilen: *Geht ihr anderen zur Quelle und lauft und bringt es in Eile … und zwanzig von ihnen gingen zum Quell mit dem Wasser, dem schwarzen.*[241]

In der »Lysistrata« des Aristophanes wird der Brunnen gar zum Ort der Revolte. Der ganze Chor der Frauen hält sich am Brunnen auf, um die Wasserkrüge zu füllen, als die Chorführerin dazu auffordert, die Wasserkrüge stehen zu lassen und sich gegen die Männer zu verbünden.[242]

Freizügig gekleidete Frauen am Brunnen

Der Brunnen, an dem die Göttin Demeter die jungen Frauen antraf, scheint sich innerhalb des Ortes befunden zu haben. Im Stadtgebiet Athens gab es wohl erst ab dem Ende des 6. Jahrhunderts v. Chr. ebenfalls gemauerte Brunnenhäuser, an denen Frauen Wasser holen konnten. In den gehäuft auftretenden Vasenbildern mit Brunnenhaus-Szenen aus dieser Zeit kommt sicher der Stolz der Stadt auf diese Errungenschaft zum Ausdruck. Die meist jungen Frauen sind festlich gekleidet; die größeren oder kleineren Gebäude mit Wasserspeiern sind mit Kränzen oder Zweigen geschmückt. In geräumigen Brunnenhäusern mit mehreren Wasserspeiern halten sich auf den

Bildern, die bevorzugt auf Wasserkrüge gemalt sind, ganze Gruppen von Frauen auf.[243]

Die festliche Atmosphäre dieser Bilder rührt sicher daher, dass die Treffen am Brunnen und das Wassertragen mit Festvorbereitungen und Kulten eng verbunden waren. Vor allem bei Hochzeitsvorbereitungen, für das Brautbad, wurde von Frauen aus dem Umkreis der Braut Wasser von Brunnen oder Quellen geholt. Brunnen und Quellen standen zudem mit Göttinnen – insbesondere den Nymphen – in enger Verbindung.[244]

Bevor jedoch das Wasser in Athen aus nahe gelegenen Brunnen geholt werden konnte, waren weite Wege zurückzulegen. Der Gesetzgeber Solon hielt es für zumutbar, öffentliche Brunnen zu benutzen, wenn sie nicht mehr als 700 Meter vom Haus entfernt waren. Diese Wege waren nicht immer gefahrlos. In der Frühzeit Athens, so berichtet der Geschichtsschreiber Herodot, mussten die Frauen das Wasser aus den verschiedenen Schöpfbrunnen oder aus Quellen außerhalb der Stadt holen. Athenerinnen wurden nun, als sie unterwegs zur Quelle Enneakrynos waren, von Pelasgern überfallen. Dies löste eine der nicht wenigen kriegerischen Auseinandersetzungen dieser Jahre aus. Weil sie *den Töchtern der Athener aus Übermut und Geringschätzung Gewalt angetan* hatten, wurden die Pelasger zur Strafe sogar aus Attika vertrieben.[245] Schon in der »Odyssee« begegneten die Gefährten des Odysseus, die er zur Erkundung der Insel der *Laistrygonen* ausschickt, weit von der Stadt entfernt einem Wasser holenden Mädchen. *Zum schön fließenden Quell Artakia stieg sie hinunter, denn dort holten sie immer das Wasser,* auf einem Weg, auf dem sonst das Holz von den Bergen zur Stadt gebracht wurde. Diese Begegnung verlief jedoch friedlich.[246]

Allerdings zeigen gerade die Vasenbilder auch eine Freizügigkeit, die nur im Kreis der Frauen möglich war. Auf manchen verbindet sich das Wasserholen außerhalb der dichteren Besiedlung mit Baden und Schwimmen. Auf einer verschollenen *Hydria,* einem Wasserkrug, duschen vier Frauen unter den Wasserspeiern. Das Wasser, das sich unten sammelt und ihnen bis zu ihren Waden reicht, spricht für eine ringsum abgeschlossene, aber im Freien befindliche Anlage. Ihre Mäntel haben sie an Säulen aufgehängt. Eine einzigartige Darstellung auf einer Bauchamphora des Priamos-Malers zeigt sogar einen Teich. Zwei kleine Wasserfälle strömen aus den Felsen hervor.

Das Wasser sammelt sich in einer Art offenen Zisterne, in der nicht nur das Baden, sondern auch das Schwimmen und Tauchen möglich war. Drei der Badenden halten Schwämme und Kämme in den Händen und sind mit Haare- und Körperwaschen beschäftigt. Die anderen drei sind im Begriff, von zwei unterschiedlich hohen Podesten ins Wasser zu springen, während eine siebte schon in der Ferne schwimmt.[247]

Wasserkrüge unterschiedlicher Größe

Dennoch kann dieses Vergnügen, das die Frauen sich dabei gönnen, nicht über die Anstrengung der Alltagsbeschäftigung hinwegtäuschen. Sie wird angesichts der Größe der Tonkrüge deutlich, die an den Wasserspeichern gefüllt und von den Frauen auf dem Kopf nach Hause getragen wurden. Da die Höhe der repräsentativen *Hydrien* etwa einen halben Meter betrug, würden sie – mit um die 20 Liter Wasser gefüllt – zwischen 25 und 30 Kilo wiegen. Daher haben Archäologinnen wie Eleni Manakidou angenommen, keine Frau habe die größeren davon auf dem Kopf tragen können. Diese Gefäße haben wohl auch nicht dem Wasserholen, sondern repräsentativen Zwecken gedient. Die Krüge, die die Frauen auf den Vasenbildern halten, besitzen jedoch nicht diese überdimensionierte Größe.

Allerdings ist auch bei Krügen, wie sie bei Ausgrabungen gefunden wurden, kaum zu übersehen, dass sie, mit Wasser gefüllt, ihr Gewicht haben. Es handelte sich um eine kraftaufwendige Arbeit. Vielleicht hat der Ischomachos des Xenophon seiner jungen Frau wie das Teigkneten auch das Wassertragen als körperliches Training empfohlen. Ältere Frauen in der Komödie »Lysistrata«, die sich in der Akropolis verschanzt haben und jetzt Wasser zum Löschen eines Brandes holen müssen, beklagen sich zumindest über die Plackerei. *Mühsam genug,* sei es, in der Dämmerung Wasser zu holen, *unter dem Lärm und dem Gedränge am Brunnen und dem Geklirr der Krüge.* Da aber die Männer am Tor zur Burg Feuer gelegt haben, um die Frauen zu zwingen, das Tor zu öffnen, führt daran kein Weg vorbei. Eben am Brunnen angekommen, haben sie die Krüge gefüllt und stellen sie auch schon wieder ab, kampfbereit wie die Marktfrauen, *um die Arme frei zu haben, wenn sie* – die Männer – *Hand an uns zu legen sich erfrechen.*[248]

Ein Vasenbild zeigt, wie sich die Frauen zumindest das Tragen der schweren Last erleichtern. Sie legen Polster oder zu schützenden Ringen gewundene Tücher auf den Kopf unter die Krüge. Um einen gefüllten Krug überhaupt auf den Kopf zu bekommen, werden sich die Frauen wohl gegenseitig auch geholfen haben. Die Griffe der Krüge waren an nicht wenigen so angebracht, dass von vier Griffen die seitlichen dazu geeignet waren, den Krug unter den Wasserstrahl zu halten, und die vertikalen, um den vollen Krug – mit Hilfe – anzuheben und später das Wasser auszugießen. Auch dieser gegenseitigen Hilfe wegen dürften in der Regel mehrere Frauen an den Brunnen anzutreffen gewesen sein.

Antike Waschfeste

Wenn die Frauen auch für vieles Wasser ins Haus trugen, die Wäsche wurde – nach Berichten vor allem aus der archaischen Zeit – vorwiegend außerhalb, an Flüssen oder Quellen, gewaschen. Die Tochter der Phaiakenkönigin Arete und ihres Gatten Alkinoos, Nausikaa, bereitet sich ganz früh am Morgen vor, Wäsche – ihre eigene wie die der übrigen Familie – einzusammeln. Sie wird auf einen mit Maultieren bespannten Wagen geladen und zu Waschgruben an die Flussmündung gebracht. Den beladenen Wagen lenkt Nausikaa selbst, begleitet von ihren Dienerinnen. Am Fluss waschen die jungen Frauen dann gemeinsam Stück für Stück und trocknen die Wäsche im Anschluss an der Sonne. Getrocknetes wird zusammengefaltet und wieder auf den Wagen geladen.

Die jungen Mädchen trugen selbst
Die Gewänder vom Wagen in dunkle Wasser der Tröge,
Stampften sie rasch in den Gruben und machten daraus einen Wettstreit.
Aber nachdem die den Schmutz ganz weggespült und gereinigt,
Breiteten sie nach der Reihe die Kleider am Ufer der See aus,
Dort wo das Meer die Kiesel am meisten dem Lande zu reinspült.[249]

Dass sich eine Tochter ›aus gutem Hause‹ selbst an diesen Arbeiten beteiligt, erregte viele Jahrhunderte später das deutliche Missfallen des Renaissancedichters Torquato Tasso. In solchen Dingen seien ihm römische Traditionen näher, teilt er in seinem Werk über die Führung eines Gutes mit, da sich Frauen der oberen Schichten von schmutzigen Arbeiten fernhielten.[250] Wie man dies auch beurteilen mag, den jungen Frauen scheint der Waschtag am Fluss Vergnügen bereitet zu haben. Sie baden, wie es auf Vasenbildern auch die Frauen der klassischen Zeit tun, sie salben sich und warten bei einer gemeinsamen Mahlzeit und anschließendem Spiel ab, bis die Sonne die Wäsche getrocknet hat. Nur das plötzliche Auftreten eines Fremden so weit außerhalb der Stadt – der dazu auch noch unbekleidet ist – stört ihre Ausgelassenheit. Da sich Befürchtungen glücklicherweise als unbegründet herausstellen – der nackte Fremde ist Odysseus, der nach dem Weg in die Stadt fragt –, wird das Waschgut verladen und zurück mit dem notdürftig bekleideten ›Fremden‹ in die Stadt gebracht.

Waschtage, wie in der »Odyssee« geschildert, dürften überall dort üblich gewesen sein, wo sich Quellen oder Flüsse in unmittelbarer Nachbarschaft der Siedlungen befanden. Dazu mögen Waschgruben genutzt worden sein, die ein Fluss wie kleine Pools aus den Felsen herausgewaschen hat, oder flache Flussufer. Wie in Troja, wo Gruppen von Frauen Wäsche in der Nähe der Quellen am Ufer des Flusses Skamandros waschen. In die Waschgruben, die gemauert waren, ergießt sich der »Ilias« nach komfortablerweise aus der einen Quelle heißes, aus der anderen kaltes Wasser.[251]

Solche profanen Tätigkeiten hatten ihr Pendant in periodisch begangenen rituellen Waschfesten, den *Plynteria*.[252] Sie waren fester Bestandteil der Festkalender vieler Städte. Hier wurden die Reinigungsaufgaben dem Alltag enthoben und in eine rituelle Sphäre transformiert. Nach den Festen war häufig auch ein Monat des Jahres benannt. So gab es den Monat *Plynterion* auf Kos, in Paros, Thassos und Chios.[253] An solchen Tagen wurden Statuen von Göttinnen und Göttern, meist in feierlicher Prozession, zu einem Fluss oder einer Quelle getragen, gereinigt und ihre Gewänder gewaschen. Da bei solchen Waschzeremonien die Gottheiten für eine gewisse Zeit unbekleidet blieben, durften die Dienste an Göttinnen nur von Frauen verrichtet werden. Hielten sich Männer nicht entsprechend abseits, konnte es für sie fatale Folgen haben. Der Dichter Kallimachos schildert ein Ereignis in Argos, bei dem der als Seher berühmt gewordene Teiresias mit Blindheit bestraft wurde. Wurde die Göttin Athene, nach den Regenfällen, wenn der Fluss Inachos genug Wasser führte, entkleidet, um sie am Ufer zu waschen, galt für Männer die unmissverständliche Warnung:

> *Du aber Pelager,*
> *lenke ja nicht den Blick dreist auf die Badende hin!*
> *Hat man die städtebeschirmende Pallas entkleidet*
> *bietet als letztes dies Bild sich dem Betrachtenden dar!*[254]

Teiresias hatte sich, ohne diese Folgen zu ahnen, nicht an diese Regel gehalten. So erblindete er wie angedroht. Bei den meisten Wasch- und Bekleidungszeremonien dürften Männer wohl aber keinen Schaden genommen haben. Über das jährlich stattfindende Badefest für die Göttin Hera auf Samos berichtet der Historiker Menedotos zumindest nichts dergleichen. Der Anlass, dieses Fest regelmäßig zu feiern, war der Versuch von Piraten, das Kultbild der Hera zu stehlen. Die Göttin hinderte die Diebe jedoch daran, sich mit ihrem Schiff vom Ufer zu entfernen. In ihrem Schrecken ließen sie die Statue am Ufer zurück. Die Samier jedoch, als sie die Statue fanden, glaubten, Hera selbst habe fliehen wollen und banden sie mit Zweigen des Lygosstrauches an Ort und Stelle fest. Als sie kurz darauf ihren Irrtum erkannten, befreiten sie sie reumütig von ihren Fesseln, reinigten sie und brachten sie in den Tempel zurück. So wird jedes Jahr mit dem Fest die Flucht der Göttin neu inszeniert, das Festbinden der Statue und die anschließende Waschzeremonie wiederholt. Hera wird aus diesem Anlass von ihrem Sockel herabgenommen, an den Strand gebracht, dort gebadet, ihre Kleider werden gewaschen und gereinigt, um sie selbst neu eingekleidet wieder in den Tempel zurückzubringen.[255] In Athen fanden ähnliche Zeremonien statt. Wobei die jährlichen *Plynteria* jeweils zum Ende des Monats *Thargelion*, im Mai/Juni, stattfanden. Hier war es die Statue der Athene, der Stadtgöttin, die entkleidet, mit einem Tuch verhüllt und in einer feierlichen Prozession an die Küste getragen wurde. Während dieses Tages waren sämtliche Tempel geschlossen. Einem spätantiken Lexikon zufolge hatten junge Mädchen an diesem Tag, den die Athener für einen Unglückstag hielten, die Aufgabe, das Gewand zu waschen und die Götterstatue zu baden.[256]

VI. Frauen in Gärten und Feldern

DIE GLANZLEISTUNGEN DER GRIECHISCHEN ANTIKE, die wir heute bewundern, die Architektur, die politischen und philosophischen Ideen, die Literatur, könnten oft vergessen machen, dass all dies in einer vorwiegend agrarischen Welt entstanden ist. Ein großer Teil der Bevölkerung, der zur Bürgerschaft gehörte, besaß Land, das von den meisten selbst bearbeitet wurde und in Selbstversorgung die Ernährung sicherte. Es waren relativ kleine Areale, die bewirtschaftet wurden, über die heute jeder europäische Landwirt nur müde lächeln könnte. Die Größe der bäuerlichen Betriebe lag für Attika im Durchschnitt bei zweieinhalb bis acht Hektar. Besitz von 25 Hektar und mehr war selten, und wer Land in dieser Größenordnung besaß, konnte als reich gelten. [257]

Bis heute besteht in der Altertumswissenschaft keine Einigkeit darüber, welche Bedeutung die Arbeit von Frauen im landwirtschaftlichen Sektor besaß. Im 19. Jahrhundert wurde vielfach angenommen, landwirtschaftliche Arbeit sei eine primär weibliche Domäne gewesen. Insbesondere das Bearbeiten des Bodens mit Hacken hielt man für typisch weiblich. Da viele der agrarischen Rituale in der Hand der Frauen lagen, schien sich die damals bevorzugte Vorstellung von einer Identität von Frau und Natur ideal zu bestätigen.[258] Allerdings lässt sich dies mit den antiken Überlieferungen nicht in Einklang bringen: Felder pflügen die Männer, Hirten sind in der Regel ebenfalls männlich, bis auf einige Göttinnen und Nymphen, die wilde Ziegen zusammentreiben und Rinder und Schafe hüten.

Frauen und Feldarbeit?

In den 1990er-Jahren gab der Historiker Walter Scheidel dem Thema einen etwas engen Rahmen und vertrat die Ansicht, Frauenarbeit »am Felde« sei wegen der Bedeutung des Agrarsektors für die antike Wirtschaft weit verbreitet gewesen. Die britische Historikerin Lin Foxhall schlug dann jedoch vor, eine Form der Arbeitsteilung anzunehmen, bei der die Verantwortung für die agrarischen Rituale bei den Frauen, die für die Arbeiten auf den Feldern bei den Männern gelegen habe.[259] Die Wirklichkeit, soweit man ihr nahe kommen kann, scheint sich zwischen beiden Polen zu bewegen.

Das Schönheitsideal der Frauen der damaligen Zeit – wenn es auch mit Idealen so seine eigene Bewandtnis hat – einer möglichst weißen

Haut würde der These Lin Foxhalls entgegenkommen.[260] Dennoch zeigt sich, dass sich Frauen neben der rituellen Sorge um eine erfolgreiche Ernte an saisonalen Erntearbeiten beteiligt haben.

In homerischer Zeit scheint dies noch nicht der Fall gewesen zu sein, zumindest der »Ilias« Homers nach zu urteilen, in der ein Erntetag geschildert wird, an dem sich Frauen in ihrem eher typischen Metier bewegen. Sie versorgen die Schnitter auf den Feldern mit einem Gericht aus Gerstenmehl. Männer dagegen mähen mit Sicheln das Getreide und binden die Garben, während Kinder die Garben zusammentragen. Andere Männer allerdings kümmern sich gleichfalls um das leibliche Wohl, indem sie am Rand der Felder ein Rind braten.[261]

Erst in klassischer Zeit finden Erntearbeiten in den Komödien eine gewisse Aufmerksamkeit. Da sich die Erntezeiten über das Jahr verteilten, Gerste wurde oft schon im Mai geerntet, auch Hülsenfrüchte wie Linsen, Bohnen und Erbsen, der Weizen dann etwas später, und die Grundstücke relativ klein waren, dürften diese Einsätze nur von kurzer Dauer gewesen sein. Wir hören von Ährensammlerinnen, *Kalamatrides,* einer *Theristria,* einer Erntarbeiterin, vielleicht auch eine Mäherin, und von einer *Ametris,* die man wohl ebenfalls als Mäherin betrachten könnte.[262] Es lässt sich nur schwer exakt definieren, was diese Frauen konkret getan haben, da lediglich die Begriffe selbst überliefert sind. Auch von Sammlerinnen, *poastriai,* die die spätantiken Lexika erwähnen, ist nur ansatzweise zu erfahren, dass sie mit dem Schneiden und Aufsammeln von Stoppeln, Gras, eventuell Ausrupfen von Unkraut beschäftigt sind und gegen Lohn arbeiten.[263] Offenbar wusste man nicht mehr so genau, welchen Charakter diese Arbeit der Frauen in den Komödien der klassischen Zeit hatte. Ein Epigramm aus dem 1. Jahrhundert n. Chr. schildert dieses Sammeln als eine Tätigkeit von Armen und Alten, die auf den abgeernteten Feldern Ähren oder Stroh aufgelesen haben.[264]

Aristophanes bietet jedoch schon allein der Aufenthalt der Frauen auf Feldern, Wiesen, im Wald oder im Buschland Gelegenheit zu derben Anspielungen und erotischen Fantasien. So gibt er im »Frieden« die Atmosphäre eines heißen Sommertages wieder:

> *Es riecht nach der Hitze eines Erntetags. [...] nach Efeu, nach Wein, nach blökenden Schafen, nach der Brust von Frauen, die in die Felder laufen, einer angeheiterten Sklavin.*[265]

In seinen »Acharnern« reizt ihn ein Mädchen, *ein jugendschönes, das Reisig stiehlt im Wald.* Dessen Aufenthalt dort animiert einen der Protagonisten, ihr nachzustellen.[266] Die erotisch aufgeladene Stimmung mag damit zusammenhängen, dass gerade die Erntezeit als Lohn all der Mühen verstanden wurde, die man sich mit den Feldern und Gärten das Jahr über gemacht hatte. Jetzt wurden die lokalen Feste gefeiert, die zu Freizügigkeiten, drastischen Späßen und sexuellen Anspielungen besonderen Anlass boten. Außerdem dürften gerade zu den Haupterntezeiten Helferinnen wie Helfer aus anderen Orten beteiligt gewesen sein, was Gelegenheit bot, außerhalb des gewohnten Umfelds die ›Fühler auszustrecken‹. Gerade die Weinernte dürfte von besonderer Ausgelassenheit gekennzeichnet gewesen sein, die im Kontext der Verehrung des Weingottes Dionysos stand.[267]

Wein- und Obsternte

Doch während über die Getreideernte oder die Ernte anderer Feldfrüchte meist Unklares überliefert ist, scheint es bei der Weinernte, die wie im heutigen Attika von Mitte September bis Mitte Oktober stattfand, ein gemeinsames Vorgehen gegeben zu haben. In einer Ernteschilderung der »Ilias« beteiligen sich sowohl junge Männer wie junge Frauen daran, die von den Männern gepflückten Trauben in Körben wegzutragen.[268] Diese Tradition setzt sich in klassischer Zeit und auch später fort. So erwähnt der Redner Demosthenes, als er für das Bürgerrecht des Sohns einer Gemüsehändlerin vor Gericht eintritt, *Trygetriai,* Pflückerinnen bei der Weinlese.[269]

Im idyllischen Ambiente des Hirtenromans »Daphnis und Chloe« des Dichters Longos, der allerdings aus dem 2. Jahrhundert n. Chr. stammt, wird eine solche Erntesituation in der Tradition der Idealisierung des Landlebens gestaltet. Zur Weinernte und dem Fest zu Ehren des Dionysos hat sich eine größere Menschenmenge zusammengefunden. Die junge, schöne Schafhirtin Chloe versorgt, wie schon die Frauen der Epen, die Erntearbeiter mit Essen und Wein. Zusätzlich liest sie mit weiteren Frauen, *die man aus der benachbarten Umgebung zum Helfen bei der Weinlese geholt hatte,* von den Weinstöcken die niedrig hängenden Trauben ab.[270] Als eine solche Szene mit Pflückerinnen ist ein Vasenbild gedeutet worden. Der Weinstock ist hier jedoch so hoch, dass eine der Frauen den Stamm erklettert, um an die oberen Früchte zu gelangen.

Die Szene könnte daher eher die Obst- oder die Olivenernte darstellen, wobei auf Vasenbildern, bei denen es sich eindeutiger um Olivenbäume handelt, als Männer zu identifizierende Personen diese Arbeit verrichten. Die Ernte von Obst scheint bei Vasenmalern sowieso mehr Interesse als die Weinernte gefunden zu haben. Darstellungen zeigen Frauen wie Wasserträgerinnen und Spinnerinnen häufig festlich gekleidet. Die Früchte, die sie ernten, sind nicht eindeutig zu identifizieren. Es können Äpfel, Granatäpfel, Quitten, Pomeranzen oder Orangen sein. Vielleicht handelt es sich auch um Feigen. Interessant ist jedoch der Ort, an dem diese Erntarbeiten stattfanden. Er lässt sich zwar nicht in jedem Fall genau bestimmen, jedoch ist bei manchen Bildern ein durch Mauern gekennzeichneter umgrenzter Raum angedeutet, so dass die Bäume in einem Hof oder ummauerten Garten vermutet werden können.

Frauen bei der Wein- und Obsternte

Griechische *Poleis* umschlossen gewöhnlich ein relativ großes Gebiet innerhalb ihrer Mauern, so dass an Gartenflächen für den Anbau von Gemüse oder eben Obstbäumen gedacht werden kann. Nicht umsonst heißt die Vorstadt Athens *Kepoi,* die Gärten.[271] Schon in der Odyssee werden Gärten beschrieben. Als Kind lief Odysseus seinem Vater im Garten hinterher, der ihm die Bäume mit Namen bezeichnete. Sie dienen als Erkennungszeichen bei seiner Rückkehr, indem er sie wiederholt.

Apfelbäume gabst du mir zehn und Birnbäume dreizehn,
Vierzig Feigenbäume und fünfzig Reben versprachst du
Mir zu geben, und alle mit immerwährender Ernte;
Und da hingen daran in verschiedener Reife die Trauben.[272]

Auch der Garten auf *Scheria,* der Insel der *Phaiaken,* auf der Odysseus der Nausikaa begegnet, bietet all das, was auch später Vasenbilder zeigen.

Außer dem Hof ist ein großer Garten nahe der Hoftür,
An vier Morgen, auf allen Seiten vom Zaune umzogen.
Große Bäume stehen darin in üppigem Wachstum,
Apfelbäume mit glänzenden Früchten, Granaten und Birnen
(…)
Und auch süße Feigen und frische, grüne Oliven.
Birne auf Birne reift da heran und Apfel auf Apfel,
Aber auch Traube auf Traube und ebenso Feige auf Feige.
Dort ist ihm gepflanzt ein üppiges Rebengelände
Dort sind Gemüsebeete am Rande des Weinbergs
(…)
Drin sind zwei Quellen; die eine verteilt sich im ganzen
Garten; die andere läuft jedoch unter der Schwelle des Hofes
Hin zum hohen Haus; dort holen die Bürger das Wasser.[273]

Mit der gleichnamigen Komödie des Aristophanes, in der die Vögel in angenehm duftenden Gärten Bäume und Früchte retten, indem sie Insekten vertilgen,[274] befinden wir uns wieder in klassischer Zeit. Es ist die Zeit, aus der auch die Vasenbilder stammen.

Eine besonders reizvolle Szene der Früchteernte zeigt, wenn auch nur fragmentarisch erhalten, das Innenbild einer Schale. In der Mitte des Bildes steht ein hoher, schlanker Baum. Die Früchte, mit einem weißlichen Pigment aufgetragen, wirken ganz plastisch. Die junge Frau hat die Äpfel an den unteren Zweigen bereits gepflückt. Eine leicht gekrümmte Linie lässt die Umrisse eines zweiten Mädchens erahnen, deren Name Melise erhalten ist. Die Linie lässt vermuten, dass sie sich bückte, um Früchte vom Boden aufzusammeln. Einige der Früchte hängen noch in den Gipfelzweigen. Gerade die am höchsten hängende Frucht scheint die auf den Zehenspitzen stehende junge Frau erreichen zu wollen, wie sie den Arm hoch hinaufstreckt und die Finger die Frucht schon zu berühren scheinen.[275]

Mädchen beim Früchtepflücken

Auf solchen Erntebildern wird wie auf Brunnenhausbildern kaum je eine Frau allein dargestellt. Auf einer *Hydria* sind es gar sieben Frauen, die innerhalb eines Hofs mit dem Ernten von Obst beschäftigt sind. Eine von ihnen – sie scheint sportlicher als das Mädchen auf der Schale zu sein, das die letzte Frucht vielleicht nicht erreichen wird – hat den Baum erklettert und greift von dort nach den Früchten. Eine andere pflückt sie vom Boden aus von den Ästen und legt sie in ihren schürzenartig gerafften *Chiton.* Eine weitere sammelt die Früchte vom Boden auf und legt sie in einen großen Korb. Den schon vollen Korb hebt eine vierte auf den Kopf und trägt ihn weg. Auf fünf weiteren Bildern mit ähnlichen Szenen schütteln die Frauen die Bäume kräftig, sodass das Obst zu Boden fällt.

Zwei Frauen bei der Obsternte

Eine Abbildung auf einem Kolonettenkrater, einem Mischkessel für Wein, zeigt fünf Frauen, von denen drei die Früchte von den Ästen pflücken. Eine von ihnen hält eine lange Stange in der Hand, um mit ihr – ähnlich wie auf anderen Bildern die Männer bei der Olivenernte – gegen die Äste zu schlagen, die von unten nicht zu erreichen sind. So wird sie wohl auch an jene Früchte gelangen, nach der die hübsche Frau auf der Schale die Hand umsonst ausstreckt.[276]

Das Motiv der Obsternte findet sich auch auf Tonreliefs aus Lokroi in Süditalien. Die leider nur fragmentarisch erhaltene Tontafel zeigt zwei besonders festlich gekleidete Frauen, bei deren Tätigkeit es sich um das Pflücken von Früchten ebenso wie um das von Blüten handeln könnte. Es wäre denkbar, dass die eine die wohlriechenden

Blüten von Zitrusfrüchten pflückt, die sie in ihrem geschürzten Gewand sammelt, und die andere die Früchte, die sie in einen Korb legt, da die Bäume zu gleicher Zeit Früchte und Blüten tragen.[277] Es könnte sich der Form der Früchte und Blüten nach auch um einen Grantapfelbaum handeln, der ebenfalls gleichzeitig Blüten und Früchte trägt.

Der Archäologe Helmut Prückner wollte solche Garten- oder Erntebilder allein einem mythologischen oder kultisch-rituellen Kontext zuordnen. Es handle sich um mythologische Gärten der Liebesgöttin Aphrodite.[278] Aber angesichts der engen Verbindung von profaner und mythisch-ritueller Welt scheint es wenig sinnvoll, Mythos und reales Leben zu stark voneinander zu separieren.[279] Wie bei Abbildungen von Wasserträgerinnen oder Spinnerinnen mit der gebotenen Vorsicht auf die profane Praxis geschlossen werden kann, dürfte es denkbar unwahrscheinlich sein, dass gerade die Abbildungen von Frauen in Gärten davon eine Ausnahme darstellen. Auf manchen der Vasenbilder schütteln Frauen die Bäume nämlich auch recht unfeierlich oder ziehen kräftig an den Zweigen. Ihre Anstrengung zeigt sich darin, dass sie einen Fuß gegen den Baumstamm setzen, den Körper weit nach hinten neigen oder in die Knie gehen. Nun darf man sicher annehmen, dass Vasenmaler oder Hersteller von Reliefs, auch hier ihre Anregungen der Beobachtung ihrer profanen Umgebung verdankten.[280]

Die Zuordnung des Archäologen könnte insofern aufgenommen werden, dass die beiden Frauen Blüten pflücken, die für eine Kulthandlung im Dienste der Göttin Aphrodite oder einer anderen Göttin vorgesehen sind.[281] Hier käme die Verwobenheit von Ritualen, von Mythischem und Alltäglichem, von profaner und religiöser Sphäre als typisches Merkmal der griechischen Gesellschaft zum Ausdruck, wie sie insbesondere bei den Aufgabengebieten der Frauen so auffällig ist.[282] Auf den schönsten Vasenbildern, die unter der Bezeichnung »Aphrodite in den Gärten« firmieren, bewegt sich gerade diese Göttin mit ihren Begleiterinnen, den *Chariten*, unter Bäumen inmitten von Blumen. Es scheint zwar eine dem grauen Alltag enthobene Welt zu sein, die die Bilder zeigen. Sie schließen jedoch jene Bereiche ein, die Frauen oblagen, wie eben auch das Ernten von Früchten, von Blüten, die im Kult der Göttin von Beutung waren. Hier fließt das Ernten eines wichtigen Nahrungsmittels wie Obst mit dem von Ingredienzien ineinander, die dem Wohlgeruch, der Schönheit, der erotischen Ausstrahlung und der sexuellen Potenz, die heute noch im Begriff der Aphrodisiaka weiterlebt, dienten.

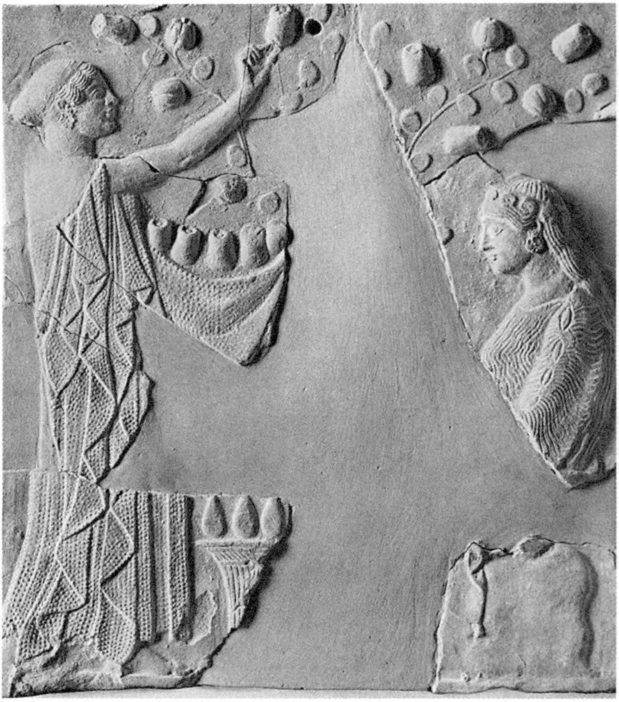

Früchte oder Blüten pflückende Frauen

Ebenso denkbar wäre es, dass sich die Frauen auf den Vasenbildern um den festlichen Blumenschmuck für eine Hochzeit bemühen. Zum Schmücken der Braut für die Hochzeitsfeierlichkeiten waren Blüten in Fülle für Kränze, Girlanden und Sträuße unabdingbar. Die Blüten des Granatapfels böten sich für einen solchen Anlass besonders an, da nicht nur in den hippokratischen Schriften der Saft der Frucht als aphrodisierendes Getränk empfohlen wird. Eine Abbildung auf einem *Epinetron*, dem Knieschutz beim Krempeln der Wolle, zeigt anschaulich einen solch üppigen Blumenschmuck.[283] Es sind vor allem Myrtenzweige mit Blättern, Knospen und Blüten, die

die Freundinnen der Braut in große bemalte Vasen drapieren. An den Wänden hängen mehrere Kränze. Myrte besaß wie der Granatapfel einen besonderen Bezug zur Welt der Frauen, da man aus ihr ein duftendes Öl für Parfüm gewinnt und sich deren Saft gegen Frauenleiden eignet.[284]

Hochzeitsvorbereitungen: Blumenschmuck im Haus

Aber auch Heiligtümer von Göttinnen, die mit Hochzeit und Ehe verbunden waren, wurden von Frauen mit Blumen und Kränzen geschmückt. Im Heiligtum der Hera, der Göttin zum Schutz der Ehe, auf Samos wurden zahlreiche Samen von Ziergewächsen gefunden, die zum Schmuck bei Festen verwendet wurden, wie Myrten, Mohn, Rosen, Feldmalven, Lorbeer und Zimtblüte.[285] Im Schmuck der Heiligtümer kommt die tiefe Verbundenheit der griechischen Welt mit der sie umgebenden Natur zum Ausdruck, die von der Präsenz der Götter erfüllt gedacht war. Der Duft der Blüten gehörte zum Leben der Frauen wie die Früchte der Gärten und die Heilkräuter und deren Wirkungen.

Doch auch der Bedarf an Kränzen für profane Anlässe muss enorm gewesen sein. In den Berichten über sie, die für den Markt geflochten und dort verkauft wurden, kann man bei den Griechen eine regelrechte Kranzverliebtheit konstatieren. Ob Myrtenkränze, Veilchenkränze, solche mit Apfelblüten und Rosen, sie wurden zu vielen Festen und Prozessionen getragen, vor allem Lorbeerkränze als ehrende Anerkennung überreicht. Schon der Chorlyriker Alkman erwähnt Kränze von Zyperngras.[286]

Sammeln von Kräutern, Pilzen und Beeren

Neben Weintrauben, Obst und Blumen widmen sich Frauen dem Sammeln, außer von Heilkräutern für medizinische Zwecke, auch dem von Wildgemüse, Kräutern, Pilzen oder Beeren und Nüssen. Die Komödien, die spätantiken Lexika zufolge nach Sammlerinnen, *Poastriai,* benannt waren, könnten solche Frauen meinen. Das Sammeln gehörte zur normalen Nahrungsbeschaffung, so dass es sicher eine alltägliche Erscheinung dieser Zeit darstellte, dass, wie in einem Idyll Theokrits beschrieben, ein Ziegenhirt einer Frau beim Sammeln von Kräutern begegnet.[287]

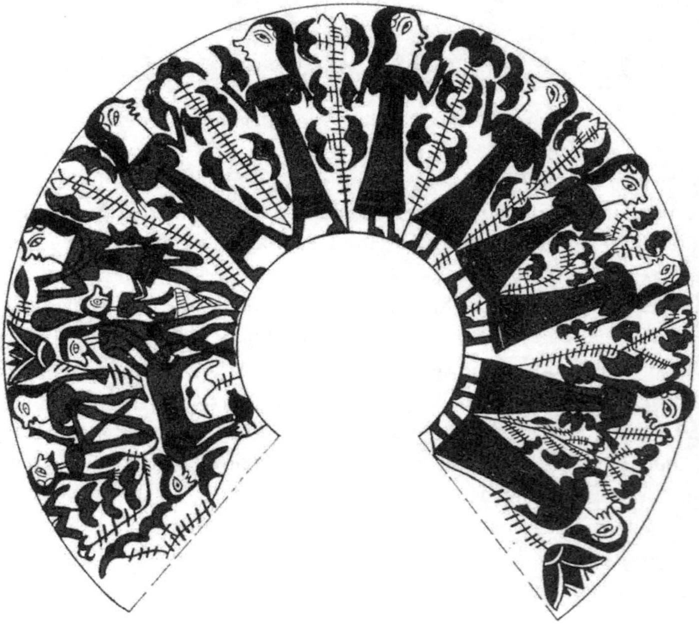

Blumen und Kränze tragende Frauen

Wild Wachsendes, wie Chicorée, Löwenzahn, Senfblätter, Schösslinge von Knollengewächsen und Sprossen oder Zwiebeln von Hyazinthenarten, Pilze, Gewürzkräuter wie Majoran, Thymian, Salbei und Oregano, Wurzeln oder Schösslinge, trug damals einen wesentlichen Teil zur Speisenvielfalt bei und hatte einen hohen Anteil an der Nahrungsversorgung. Die Anthropologin Mary Forbes konnte bei ihrem Studienaufenthalt in den 1970er-Jahren in Griechenland antike Überlieferung und zeitgenössische Verwendung vergleichen und fand die alten Zubereitungen immer noch vor.[288] Wildgemüse wurde sorgfältig gewaschen, eingesalzen oder kurz in Salzlake gekocht, Öl oder Zitronensaft eingelegt. Die milderen Sorten wurden sautiert und mit Olivenöl, Zwiebeln und Tomaten zu Pasten verarbeitet, wie es Dioskurides beschrieben hat. Sie waren auch zu dieser Zeit zu Brot und Hülsenfrüchten eine wohlschmeckende Ergänzung. Eine Mixtur, aus verschiedenen Sorten Wildpflanzen gehackt, ergab eine hervorragende Füllung für Gemüsepasteten. Verschiedene wild wachsende Früchte wie Brombeeren und Maulbeeren, Mispeln, Kornelkirschen, Schlehen, Früchte des wilden Erdbeerbaums, Myrtenbeeren oder auch wilde Birnen eigneten sich als köstliche Desserts.

Dioskurides hat in seinem Arzneimittel- und Pflanzenbuch für über 100 Pflanzen und Pilze die jeweils günstigste Zeit notiert, in der sie zu sammeln sind. Als beste Zeit für Chicorée, Löwenzahn, Senfblätter u.Ä. empfahl er die Monate Oktober bis April oder Mai. Für Blätter, Stängel und Schösslinge oder Sprossen mancher Knollengewächse oder für Zwiebeln hielt er das zeitige Frühjahr für die geeignete Zeit. Von der Malve, die als Gemüse gegessen wurde, sammelte man am besten Ende Juni bis Anfang Juli die Blüten und von Juni bis Anfang September die Blätter. Ansonsten waren auch Pilze sehr begehrt und wurden im November und Dezember während der Winterregen im Buschland und unter Bäumen gesammelt. Nüsse, wie Haselnüsse, Walnüsse, Pistazien oder auch Esskastanien waren sowohl an domestizierten wie an wild wachsenden Bäumen schon im Sommer zu ernten.

Überschaut man diesen Anteil an der oft als männlich bezeichneten Domäne Landarbeit, so handelt es sich doch um einen nicht gerade geringen Beitrag der Frauen. Auch wenn es sich nicht vorrangig um die ›Arbeit am Pflug‹ handelt. Neben der Ernte von Obst, das für den Winter getrocknet oder auf andere Art konserviert wurde, aber auch durch das Sammeln von Wildgemüse und Kräutern, von Beeren und wilden Obstsorten haben sie beachtliche Beiträge zur Nahrungsbeschaffung für die ›mediterrane Küche‹ geleistet.

Resümee

DER GESCHILDERTE EREIGNIS- UND ARBEITSREICHE ALLTAG, die vielfältigen und anspruchsvollen Arbeitsbereiche der für uns heute oft namenlosen griechischen Frauen lässt alte, längst widerlegte Klischees von »eingesperrten Athenerinnen«, die von der »Teilnahme an der Gestaltung der Welt« ausgeschlossen gewesen seien, fast abenteuerlich erscheinen. Frauen verrichteten ihre Aufgaben im Wechsel von Alltag und Fest und in der rituellen Einbettung des Kultjahres. Und ohne heutige ›Hausarbeit‹ abwerten zu wollen, mit der die Arbeiten oft verglichen wurden, das Organisationstalent und das tradierte Wissen – beides lebensnotwendig in einer Welt ohne ›Segnungen‹ der Technik und ausgeprägten Handel – hatte einen Umfang, von dem sich der *Kulturmensch der Neuzeit schwer eine rechte Vorstellung* machen kann. So hat es der Nationalökonom Karl Bücher vor über 100 Jahren formuliert, eine rühmliche Ausnahme unter den Wirtschaftshistorikern. Viele der heute spezialisierten ›Berufe‹ lagen in der griechischen Antike in Frauenhand und hatten ein Ansehen, das heute mancher Frauenarbeit in Bezug auf wirtschaftliche Relevanz, intellektuelle, planerische und technisch-handwerkliche Fähigkeiten noch immer versagt ist. In der antiken Werteordnung findet sich noch nichts von der gesellschaftlichen Geringschätzung jener ›weiblichen‹ Arbeitsbereiche, die sich mit Beginn des 18. Jahrhunderts in ihrer Zuordnung zur Sphäre des Privaten durchzusetzen beginnt.

Die Aufgabenkreise, in denen sie agierten, waren integraler Bestandteil des wirtschaftlichen, sozialen, gesellschaftlichen und religiösen Lebens. Ihre Arbeiten und ihre Produkte waren Teil der antiken Existenzsicherung. Und die hohe Qualität ihrer textilen Kunstwerke war Teil der kulturellen Blüte der griechischen Welt, obwohl uns ihr Werkstoff, das textile Material, nicht in der Fülle erhalten blieb wie Stein oder Metall. Im Wechsel von Alltag und Fest, in der rituellen Einbettung ihrer Arbeiten, in ihrem Agieren als Gruppe von Frauen, entstanden ein Gemeinschaftsgefühl und die Gewissheit, einen anerkannten Teil einer Leistung für die ganze Gesellschaft zu erbringen.

Angesichts dessen, dass sie einerseits als ›Wirtschaftsfaktoren‹ agierten, Trägerinnen eines Kulturverständnisses in Abgrenzung zu Unzivilisiertem waren und als Akteurinnen des kultischen Lebens und der Rituale fungierten, die die menschliche Welt mit der göttlichen verbanden, bekommt die Feststellung Platons, sie seien »die Hälfte des vollkommenen Glücks« gewesen, erst sein wirkliches Gewicht.

Anhang

Anmerkungen

1 Wolfgang Schadewaldt, Die Begriffe »Natur« und »Technik« bei den Griechen, in: ders., Hellas und Hesperien, Bd. 2, Zürich/Stuttgart 1960, 907–919, konstatiert ein *lebendiges und freudiges Interesse an techne.* Bruno Snell, Die Entdeckung des Geistes. Studien zur Entstehung des europäischen Denkens bei den Griechen, Göttingen 1986, stellt fest, dass *Episteme* nicht nur *das Theoretische umfasst, sondern auch das Praktische, das zugleich Wissen und Können ist, das gerade für Fertigkeiten der handwerklichen Berufe gebraucht wird.* Vgl. auch Hartmut Wilms, »Techne und Paideia« bei Xenophon und Isokrates, Stuttgart/Leipzig 1995. Felix Heinimann, Eine vorplatonische Theorie der techne, in: *Museum Helveticum* 18 (1961), 105–130. Helmuth Schneider, Das griechische Technikverständnis. Von den Epen Homers bis zu den Anfängen der technologischen Fachliteratur, Darmstadt 1989.

2 Xenophon, Oikonomikos, 7, 23–25. Übersetzung Gert Audring.

3 Xenophon, Oikonomikos, 7, 28.

4 Xenophon, Oikonomikos, 7, 26.

5 Xenophon, Oikonomikos, 7, 27.

6 *Oikos,* Haus, meint nicht nur ein Gebäude, sondern ist immer als wirtschaftliche Einheit gedacht. Es schließt die Menschen, die darin arbeiten und leben, inklusive der Sklaven, ein ebenso wie Arbeitsgeräte, Vorräte, Landbesitz und die Tiere.

7 Xenophon, Oikonomikos, 7, 13.

8 Xenophon, Oikonomikos, 7, 14–15. Die Parallelität beider Aufgaben wird gefasst im Begriff »antirrhopon«, der besagt, dass die Frau ein völliges Gegengewicht zum Mann bildet. Vgl. Föllinger, Frau und Techne, 2002.

9 Aristoteles, Nikomachische Ethik, 1162b und Politik 1277 a – 1279a. Vgl. Sissa, Platon, Aristoteles und der Geschlechtsunterschied 1993. Föllinger, Differenz und Gleichheit, 1996, 122–131. Reuthner, Athenes Gewänder, 2006 II.2.1.

10 Diese Debatte beginnt schon Anfang der 1920er-Jahre, setzt sich in den 1930er-Jahren fort und wird relativ intensiv in den 1970er-Jahren wieder aufgenommen. Vgl. u.a. Moses Hadas, Observations on Athenian Women, in: *Classical Weekly* 39 (1936), 97–100. Dorothea Wender, Plato: Misgynist, Paedophile, and Feminist, in: *Arethusa* 6 (1973), 75–90. Sarah B. Pomeroy, Feminism in Book V of Plato's Republic, in: *Apeiron* 8

(1974), 32–35 hat dieser Sicht vehement widersprochen und betont, dass es sich bei Platon keineswegs um tatsächlich gewollte Gleichheit handelt. Eine informative Übersicht dieser Debatten bietet FÖLLINGER, Differenz und Gleichheit, 1996, 58 f. und 86 f.

11 Platon, Der Staat, 451d.

12 Aristoteles, Politik, 1264a 40–1264b und 1277b 20 ff.

13 Ein neuartiges Phänomen in dieser Zeit ist eine enorme Zunahme der Anzahl an Bildern von in sich ruhenden Frauenfiguren, die ein bewahrendes Moment zu symbolisieren scheinen, mit dem sie in ihrer Verantwortung für das Haus identifiziert und als dessen Mittelpunkt sie betrachtet wurden. Die große Verbreitung dieses Motivs lässt den Schluss zu, dass diese Aufgabe hervorgehoben und gewürdigt werden sollte. Ihre Anzahl ist als Gegenpol zu den Athletenbildern, die den wesentlichen Anteil der männlichen Darstellungen ausmachen, zu verstehen und übersteigt deren Zahl bei weitem. Vgl. Thomas B.L. WEBSTER, Potter and Patron in Classical Athens, London 1972. REINSBERG, Frauenrepräsentation im klassischen Athen, 1996. Andreas SCHOLL, Die attischen Bildfeldstelen des 4. Jh.s Chr., Berlin 1996.

14 Auch diese Texte liegen jetzt in neuer Übersetzung in OIKONOMIKA, Quellen zur Wirtschaftstheorie der Antike, 2008 vor. Vgl. WAITHE, A History of Women Philosophers, 1987. LAMBROPOULOU, Women in the Pythagorean Societies, 1976, und LAMBROPOULOU, Some Pythagorean Female Virtues, 1995. HARICH-SCHWARZBAUER, Philosophinnen, 2000. REUTHNER, Philosophia und Oikonomia, 2009.

15 Gottfried SEMPER, Der Stil in den technischen und tektonischen Künsten oder praktische Aesthetik, Theil I: Die Textile Kunst für sich betrachtet und in Beziehung zur Baukunst, Frankfurt a.M. 1860, initiierte eine Debatte über Ursprünge und Entwicklung ästhetisch-kultureller Entwicklung, deren Beginn er in der Textilkunst vermutete.

16 Es sind vor allem textilhistorische, archäologische und kunsthistorische Studien, die für die folgende Darstellung die Basis liefern. Vgl. BARBER, Prehistoric Textiles, 1991, und DIES., Women's Work, 1994. PAPAIOANNOU/BOUSQUET, Die griechische Kunst, 1998. REEDER, Pandora, 1995. RICHTER, Handbuch der griechischen Kunst, 1966, und DIES., Korai: Archaic Greek Maidens, 1968. LANGLOTZ/HIRMER, Die Kunst der Westgriechen in Sizilien und Unteritalien, 1963. Hilfreich sind auch ältere Arbeiten: Ernst BUSCHOR, Griechische Vasen, München 1940. Adolf FURTWÄNGLER/K. REICHHOLD, Griechische Vasenmalerei, Bde.

1–3, München 1904–1932. Einzelnachweise in REUTHNER, Wer webte Athenes Gewänder?, 2006, 190–199. Vgl. auch Dietrich WILLERS, Textilkunst, in: DNP 12/1 (2002), 228–229.

17 Vgl. BRINKMANN/WÜNSCHE, Bunte Götter, 2004.

18 Zur Unterbewertung hoch artifizieller Frauenarbeit vgl. REUTHNER, Wer webte Athenes Gewänder?, 2006, 246–267.

19 LISSARRAGUE, Frauenbilder, 1993, 218 und 248 erwähnt mehr als 70 Vasen, die Gruppen so gekleideter Frauen zeigen, die um ein Abbild des Dionysos tanzen oder die Mischung des Weins vornehmen und diesen kredenzen.

20 Vgl. Albert HENRICHS, Greek Maenadism from Olympias to Messalina, in: *Harvard Studies in Classical Philology* 82 (1978), 121–160. Vgl. auch Robin OSBORNE, The ecstasy and the tragedy: Varieties of Religious Experience in Art, Drama and Society, in: C. Pelling/C. Sourvinou-Inwood (Hgg.): Tragedy and the Historian, Oxford 1996.

21 Euripides, Die Bakchen, Verse 114–119.

22 Euripides, Die Bakchen, Verse 1236–1237.

23 In den 1970er-Jahren wurde dagegen das Atavistische des Dionysoskults betont. R. GIRARD, La violence et le sacré, Paris 1972, sah das kultische Umfeld des Dionysos von atavistischen Bräuchen wie Ritualmord in Verbindung mit rituellem Blutvergießen, Kannibalismus, Zerstückelung der Opfer und Verzehr von rohem Fleisch geprägt. Ähnlich Marcel DETIENNE, Dionysos mis à mort, Paris 1977. Vgl. Anton F. Harald BIERL, Dionysos und die griechische Tragödie. Politische und ›metatheatralische‹ Aspekte im Text, Tübingen 1991, 18f. mit einer Übersicht zur Forschung.

24 Siehe TÖLLE-KASTENBEIN, Frühklassische Peplosfiguren, 1980, Die Tafeln 1–17 weisen alle diese Geste auf. Lambert A. SCHNEIDER, Zur sozialen Bedeutung der archaischen Korenstatuen, Hamburg 1975, 29f. berichtet Ähnliches für archaische Korenstatuen.

25 Sappho, Frg. 61 D, verspottet es als bäurisch, den Saum nicht mit der geforderten Eleganz hochziehen zu können. Vgl. SCHNEIDER, archaische Korenstatuen 1975, 29.

26 Im Fragment des Kallimachos, Hekale, 253, 8–12, wird das Werk einer Arachne *(ergon arachnon)* schon erwähnt. Ovid (43 v. Chr.–18 n. Chr.) gestaltet den gesamten Mythos in »Metamorphosen« 6, 5–145. Hier Buch 6, Vers 14. Zitiert wird nach der Übersetzung von Erich Rösch.

27 Odyssee, Buch 13, Verse 107–108.

28 Ovid, Metamorphosen, Buch 6, 5–145.

29 WAGNER-HASEL, Macht der Penelope, 1997, 143.

30 Aristarch. Scholien zu Homer, hg. V. Hartmut Erbse, Bd. 1, Berlin 1969, 381. BARBER, Prehistoric Textiles, 1991, 373.

31 Homer, Ilias Buch, 3, 125–128.

32 Euripides, Iphigenie in Tauros, Verse 116–117 und 814.

33 Euripides, Hekabe, Verse 220–226.

34 Apollodor, Mythologische Bibliothek, Buch 3, 193–195. Dieser Mythos war im verloren gegangenen »Tereus« des Sophokles gestaltet, wie Walter BURKERT, Homo necans 1972, 202, zeigt. Vgl. Margarethe DIVJAK, Philomeles Töchter, in: Specht, Frauenreichtum, 1994, 291– 301.

35 Aristoteles, Athenaion Politeia, 49, 3.

36 Erhalten sind 63 Epigramme und wenige Wörter in Prosa. Vgl. C.A. FORBES, Peplos 2, in: Paulys Realencyclopädie der classischen Altertumswissenschaft, 37 (1937), 561–562.

37 Homerischer Hymnos an Apollon, Vers 184.

38 Nachweise zu Stoff-Funden bei BARBER, Prehistoric Textiles, 1991, 196–209, und REUTHNER, Wer webte Athenes Gewänder?, 2006, 199–201.

39 Vgl. Dora GERZIGER, Eine Decke aus dem sechsten Grab der »sieben Brüder«, in: *Antike Kunst* 18 (1975), 51–55.

40 Ludolf STEPHANI, Zu antiken Gewebefunden: Compte-rendu de la Commission Impériale Archéologique (CRPétersb) (1876) und (1878–79), Atlas mit Textband.

41 Platon, Der Staat, 616c–617b.

42 SENNETT, Handwerk, 2008.

43 Vgl. Ellen HARLIZIUS-KLÜCK, Weberei als Episteme und die Genese der deduktiven Mathematik in vier Umschweifen entwickelt aus Platons Dialog *Politikos*, Berlin 2004.

44 Eine Übersicht über die Debatten bietet KILLET, Zur Ikonographie, 1994, die diesem Phänomen der ›Hetärenvasen‹ nachgegangen ist. Differenziert auch HARTMANN, Heirat, Hetärentum und Konkubinat, 2002. Vgl. auch REUTHNER, Wer webte Athenes Gewänder?, 2006, 236–238.

45 FERRARI, Figures of Speech, 2002, Kap. 1 und 2 hat ausdrücklich auch jene Abbildungen eingeschlossen, in denen Frauen von einem Mann ein Beutel präsentiert wird, den man als Gegengabe für die erotische Dienstleistung ansah.

46 Es handelt sich um eine schwarzfigurige attische Schale aus der Zeit zwischen 550 und 530 v. Chr. Dazu Marjorie J. MILNE: A Prize for Wool-Working, in: *American Journal of Archaeology* 49 (1945), 528–533.

47 Theophrast bei Athenaios, Gastmahl der Philosophen, Buch 13, 610a. Ein Wettstreit der Frauen *(kryseis gynaikon)* in Besonnenheit und Haushaltsführung *(sophrosyne kai oikonomias)* habe den Abschluss diverser weiblicher Wettbewerbe gebildet.

48 Vgl. Elisabeth TRINKL, Alltagsleben in der attisch-geometrischen Vasenmalerei. Bemerkungen zur *Rattle Group*, in: POTNIA ΘΗΡΩΝ. Festschrift für Gerda Schwarz zum 65. Geburtstag, hg. von Eva Christof u.a., Wien 2007, 415–425. In Troja wurden von Schliemann etwa 8.000 Spinnwirtel ausgegraben, vgl. BARBER, Prehistoric Textiles, 1991, 304 ff.

49 Spinnende Frauen sind neben Wasserträgerinnen das am häufigsten dargestellte Motiv auf Vasenbildern wie auf Reliefs. Vgl. JUCKER, Frauenfest in Korinth, 1963. LISSARRAGUE, Frauenbilder, 1993, 235, und KILLET, Zur Ikonographie, 1994.

50 Vgl. zu den textilen Weihgaben in Brauron und Athen LINDERS, Studies in the Treasure Records, 1972. Zu Samos OHLY, Die Göttin und ihre Basis, 1953.

51 William D.D. ROUSE, Greek Votive Offerings. An Essay in the History of Greek Religion, Cambridge 1902 (ND 1975). Als spezifisch weibliche Kultpraxis sah sie PEKRIDOU-GORECKI, Mode im antiken Griechenland, 1989. Eine Übersicht zu textilen Weihgaben in REUTHNER, Wer webte Athenes Gewänder?, 2006, III, 4.1.

52 Pausanias, Beschreibung Griechenlands, 3, 16, 1–2. Der Historiker Herodot erwähnt das Fest in seinen »Historien«, 9, 7–8, in Zusammenhang mit einer Allianz Spartas mit den Athenern. Und der Historiker Thukydides schreibt in seiner »Geschichte des peloponnesischen Krieges«, 5, 23, 4, dass die Athener nach Sparta kamen, um die Erneuerung des Nikias-Friedens mit einem Eid zu bekräftigen, während die Spartaner zu den Dionysien nach Athen kamen, um das Gleiche zu tun.

53 Pausanias, Beschreibung Griechenlands, 5, 16, 2.

54 Vgl. für die archaische Zeit Gisela WICKERT-MICKNAT, Die Frau, 1982. SPECHT, Mädchenbildung und Frauensozialisation, 1989.

55 Vgl. JUCKER, Frauenfest in Korinth, 1963.

56 Vgl. PRÜCKNER, Lokrische Tonreliefs, 1968. Christiane SOURVINOU-INWOOD, Persephone and Aphrodite at Lokri, in: *Journal of Hellenic Studies* 98 (1978), 101–121.

57 Hans-Günther BUCHHOLZ, Das Symbol des gemeinsamen Mantels, in: *Jahrbuch des Deutschen Archäologischen Instituts, Athen* 102 (1987), 1–55.

58 Zur Auswahl der Arrhephoren vgl. Aristoteles, Athenaion Politeia, 60, 1. Zum Beginn des Webens vgl. Pausanias, Beschreibung Griechenlands, Buch 1, 27, 4.

59 Vgl. Specht, Mädchenbildung und Frauensozialisation 1989. Christiane Sourvinou-Inwood, What is Polis Religion, in: Oswyn Murray/Simon Price (Hgg.): The Greek City, Oxford 1990, 295–322. Waldner, Kulträume, 2000.

60 Der Begriff ist überliefert im spätantiken Lexikon des Hesychios. Vgl. Blaise Nagy, The Ergastinai Inscriptions and the Peplos, Diss. Harvard Univ. 1972.

61 Zur Kultpraxis der Gewebeweihungen Reuthner, Wer webte Athenes Gewänder?, 2006, 267–323.

62 Apollonios aus Rhodos, Argonautenepos, 3, 292 und 4, 1062 ff.

63 Griechische Anthologie, Buch 7, 126. Epigramm aus dem 3. Jh. v. Chr.

64 Griechische Anthologie, Buch 7, 126.

65 Griechische Anthologie, Buch 6, 247, Epigramm des Philippos aus dem 1. Jh. n. Chr.

66 Griechische Anthologie, Buch 6, 39, Epigramm des Aulus Licinius aus Antiocheia.

67 Griechische Anthologie, Buch 6, 47, Epigramm des Antipatros von Thessalonike.

68 Griechische Anthologie, Buch 6, 285.

69 Griechische Anthologie, Buch 6, 288, Epigramm des Leonidas von Tarent.

70 Griechische Anthologie, Buch 6, 174, Epigramm des Antipatros von Sidon vom Ende des 2. Jh.s v. Chr.

71 Zur Entscheidung für ein Hetärendasein Hartmann, Heirat, Hetärentum und Konkubinat, 2002, 183–188.

72 Brümmer, Griechische Truhenbehälter,1985, 1–168 beschreibt die Vielfalt dieser verwendeten Truhen und Kästchen.

73 Homer, Ilias, Buch 6, 288–291 und Buch 24, 191 f.

74 Lissarrague, Frauenbilder, 1993.

75 Dioskurides, Arzneimittellehre Buch 1, 103.

76 Dioskurides, Arzneimittellehre Buch 1, 115.

77 Dioskurides, Arzneimittellehre Buch 1, 115 und 3, 23.

78 Der Mythos um die schillernde Frauengestalt Pandora hat im Lauf der Jahrhunderte ganz unterschiedliche Auslegungen erfahren. Vgl. Dora und Erwin Panofsky, Die Büchse der Pandora. Bedeutungswandel eines Symbols (engl. Original 1956), Frankfurt a.M./New York 2. Aufl. 1992,

verfolgt. Jetzt auch Ruth HARDER, Pandora in: DER NEUE PAULY, Band 9 (2000), 236 f.

79 Er hatte die Teile als *Kunstwerk,* wie Hesiod es in der »Theogonie«, Verse 535–549, bezeichnet, hergerichtet, so dass das verlockende Äußere, für die damalige Zeit die Fettschicht, ein wertloses Inneres, die Knochen, verbarg.

80 Hesiod, Werke und Tage, Verse 57.

81 Hesiod, Werke und Tage, Verse 62 f.

82 Hesiod, Theogonie, Vers 572.

83 Hesiod, Werke und Tage, Verse 70–89.

84 Hesiod, Werke und Tage, Vers 67.

85 Hesiod, Theogonie, Vers 602.

86 Zur Bedeutung der Vorratshaltung vgl. FOXHALL/FORBES, Ethnoarchaeology and Storage, 1995. GALLANT, Risk and Survival 1991. GARNSEY, Food and Society, 1999.

87 Besonders gut erhalten sind fünf Miniaturkornspeicher, die in einem Frauengrab auf der Agora in Athen gefunden wurden. Noch weit ältere Vorratsbehälter stammen aus Kykladengräbern auf der Insel Melos. Vgl. John K. PAPADOPOULOS, Magna Achaea: Athenian Late Geometric Art and Archaic Pottery in South Italy and Sicily, in: *Hesperia* 70 (2001), 373–460. Ronald S. STROUD, The Sanctuary of Demeter and Kore on Akrokorinth über die Jahre 1964–1965 in: *Hesperia* 37 (1968), 299–330.

88 Vgl. Roland HAMPE, Antikes und modernes Griechenland, hg. v. Erika Simon, Mainz 1984, 87–106.

89 Hesiod, Werke und Tage, Verse 42–105 und Theogonie, Verse ca. 510–616.

90 Hesiod, Werke und Tage, Verse 699 f.

91 Semonides aus Amorgos gestaltete in fragmentarisch erhaltenen 118 Versen zehn weibliche Charaktere. Eine deutsche Übersetzung liegt vor in: Frühgriechische Lyrik, Bd. 2.

92 Semonides, Fragment 7, Verse 83–85.

93 Semonides, Fragment 7, Verse 99 f.

94 Plutarch, Moralia, 693 f. Vgl. Michael H. JAMESON, Famine in the Greek World, in: Peter D. Garnsey/C.R. Whittaker, Trade and Famine in Classical Antiquity, Cambridge 1983, 6–16.

95 Homer, Odyssee, Buch 21, 5–56. Das *tamieuein* der Frauen wird in der »Odyssee« 18 Mal erwähnt.

96 Lykophron, Verse 578–582 und Apollodor, Mythologische Bibliothek, 6, 10. Vgl. Katharina WALDNER, Oinotropoi, in: DER NEUE PAULY, Bd. 8 (2000), 1148.

97 Vgl. Reuthner, Wer webte Athenes Gewänder?, 2006, 141–162.
98 Vgl. Spahn, Anfänge der antiken Ökonomik, 1984.
99 Xenophon widmet diesem Thema beinahe das gesamte 8. Kapitel seines »Oikonomikos« und vergleicht die Ordnung im Vorratslager mit dem Funktionieren einer Stadt, einem Chor, einem Schiff und einem Heer.
100 Xenophon, Oikonomikos, 8, 2 ff.
101 Xenophon, Oikonomikos, 7, 36.
102 Xenophon, Oikonomikos, 7, 40. Xenophon spielt auf den Mythos von den Danaiden an, die als Strafe in Sieben Wasser schöpfen müssen.
103 Xenophon, Oikonomikos, 7, 36 und 9, 8.
104 Xenophon, Oikonomikos, 9, 8–10.
105 Platon, Die Gesetze, 747b.
106 Xenophon, Oikonomikos, 8, 14.
107 Dass Frauen Buchstaben geläufig waren, zeigen Inschriften zu textilen Weihgaben. Es dürfte, wie Linders, Studies in the Treasure Records 1972, 13 annimmt, die Regel gewesen sein, dass Frauen ihre textilen Weihungen mit einer Widmungsinschrift an die Göttin und mit dem Namen der Spenderin versahen. Cole, Could Greek Women Read and Write, 1984, verneint dies.
108 Vgl. Johannes Christes/Richard Klein/Christoph Lüth, Handbuch der Bildung und Erziehung in der Antike, Darmstadt 2006. Peter Scholz, Der Philosoph und die Politik. Die Ausbildung der philosophischen Lebensform und die Entwicklung des Verhältnisses von Philosophie und Politik im 4. und 3. Jh. v. Chr., Stuttgart 1998, zeigt, dass die ›männliche‹ Erziehung im Ringen, Speerwerfen, Bogenschießen, Kampf mit Schild und Schwert sowie Laufen bestand, ergänzt durch das Spiel auf der Lyra, Singen, Tanzen sowie Rezitation epischer und lyrischer Dichtungen.
109 Vgl. zu diesem Krieg John Kenyon Davies, Das klassische Griechenland und die Demokratie, München 1983, bes. 154–161.
110 Aristophanes, Frauen beim Thesmophorienfest, Verse 418–420.
111 Homer, Odyssee, Buch 21, 5–9.
112 Theophrast, Charaktere, 18, 4. Übersetzung Dietrich Klose.
113 Theokrit, Frauen beim Adonisfest, Idyll 15, 33.
114 Vgl. Brümmer, Griechische Truhenbehälter, 1985.
115 Nikandros aus Kolophon, Landleben. Überliefert bei Athenaios, Gastmahl der Philosophen, Buch 9, 372a–f.
116 Dioskurides beschreibt in seiner »Arzneimittellehre« das Aussehen, die Bestandteile, die Zubereitung und Heilwirkung von etwa 600 nach

Gruppen geordneten Ölen, Erden, Mineralien, Harzen, Bäumen, Kräutern, Früchten, Steinen. Es sind Kenntnisse, die er sich auf weiten Reisen durch Beobachtung und Befragung erworben hat.

117 Dioskurides, Arzneimittellehre, Buch 2, 166.

118 Theophrast, Geschichte der Pflanzen, Buch 8, 11, 7.

119 Theophrast, Geschichte der Pflanzen, Buch 8, 8, 6.

120 Aristophanes, Der Friede, Verse 1144 f.

121 Herodot, Historien, Buch 8, 96.

122 Apollodor, Mythologische Bibliothek, Buch 1, 80–81.

123 Terrakottafiguren vom Ende der archaischen bis in die klassische Zeit wurden sowohl in Frauengräbern als auch in reinen Wohngebieten gefunden. Vgl. Sparkes, The Greek Kitchen 1962. Ebert, Arbeitswelt der Antike, 1984. Higgins, Tanagra and the Figurines, 1986.

124 Xenophon, Oikonomikos, Buch 10, 11.

125 Zum Charakter und zur Häufigkeit von Festen vgl. Erika Simon, Festivals of Attica, London 1983, und H.W. Parke, Athenische Feste, Mainz 1987. Zur Festkultur auch Bruit-Zaidmann/Schmitt Pantel, Die Religion der Griechen, 1994.

126 Dalby, Essen und Trinken, 1998 hat Auskünfte aus den unterschiedlichsten Schriftgattungen zusammengetragen.

127 Die hier angeführten Komödienfragmente sind überwiegend im 9. Buch im »Gastmahl der Philosophen« des Athenaios überliefert.

128 Vgl. Nancy Bookidis u.a., Dining in the Sanctuary of Demeter and Kore at Corinth, in: *Hesperia* 68/1 (1999), 1–54.

129 Pausanias, Beschreibung Griechenlands, Buch 8, 15, 3.

130 Clemens von Alexandria, Protreptikos, Buch 2, 22, 4.

131 Aristophanes, Frauen in der Volksversammlung, Verse 834–852.

132 Aristophanes, Frauen in der Volksversammlung, Verse 1167–1178.

133 Überliefert bei Athenaios, Gastmahl der Philosophen, Buch 9, 371a–e.

134 Aristophanes, Die Frösche, Verse 939–944.

135 Aristophanes, Der Reichtum, Verse 1003–5.

136 Mnesimachos, Pferdezüchter, nach Athenaios, Gastmahl der Philosophen, Buch 9, 402e–403d.

137 Homer, Ilias, Buch 11, 624–641.

138 Thukydides, Geschichte des peloponnesischen Krieges, Buch 2, 78.

139 Platon, Der Staat, 455c 4 ff.

140 Aristophanes, Frauen in der Volksversammlung, Verse 214–240.

141 Vgl. Kudlien, Beginn medizinischen Denkens bei den Griechen, 1967. Sigerist, Der Arzt in der griechischen Kultur, 1970. Hanson, The Medical Writers' Women, 1990, 309–337. Demand, Monuments, Midwifes and Gynecology, 1995. Nutton, Ancient Medicine, 2004.

142 Nickel, Berufsvorstellungen über weibliche Medizinalpersonen, 1979, bietet einen informativen Überblick. Vgl. auch Parker, Women Physicians, 1997.

143 Homer, Ilias, Buch 11, 741.

144 Apollonios aus Rhodos, Argonautenepos, Buch 3, Verse 155–156.

145 Xenophon, Erinnerungen an Sokrates, Buch 2, 2, 5–10.

146 Xenarchos, Die Skythen, nach Athenaios, Gastmahl der Philosophen, Buch 9, 367 a–b.

147 Dioskurides, Arzneimittellehre, Buch 1, 38.

148 Demosthenes, Gegen Neaira, 59, 56.

149 Xenophon, Oikonomikos, 7, 37.

150 Platon, Die Gesetze, 719e–720e.

151 Xenophon, Oikonomikos, 7, 37.

152 Dioskurides, Arzneimittellehre, Buch 3, 38.

153 Dioskurides, Arzneimittellehre, Buch 4, 75.

154 Homer, Odyssee, Buch 4, 220–226.

155 Homer, Odyssee, Buch 4, 227–230.

156 Plinius, Geschichte der Pflanzen, 25, 10–12.

157 Homer, Odyssee, Buch 10, 276

158 Homer, Ilias, Buch 11, 624–641.

159 Homer, Odyssee, Buch 10, 233–243.

160 Überliefert in den »Saturnalia« (5.19.9) des Macrobius, einem literarisch tätigen römischen Senator aus der Zeit um 430 n. Chr.

161 Euripides, Medea, Verse 949 und 983 ff.

162 Euripides, Herakles, Verse 26 ff., 1163 ff. und 1322.

163 Apollonios aus Rhodos, Argonautenepos, Buch 3, 1026–1062.

164 Apollonios aus Rhodos, Argonautenepos, Buch 4, 156–161.

165 Apollodor, Mythologische Bibliothek, Buch 1, 129–132.

166 Ovid, Metamorphosen, Verse 8, 251–294.

167 Platon, Die Gesetze, 932e–933e.

168 Sophokles, Trachinierinnen, Verse 555–587. Zur Wirkung: Verse 672–720, 756–806.

169 Musaios Frg. 2 Diels/Kranz (Scholia Apollonios Rhodios 5, 156). Vgl. Scarborough, Pharmacology, 1991.

170 Theokrit, Gedichte, Idyll 2 »Pharmakeutria«.

171 Thorsten Knorr, Pharmakides, in: Der Neue Pauly, Band 9 (2000), 744.

172 Aristophanes, Die Wolken, Verse 749–752.

173 Corpus Hippocraticum »De natura muliebri« 8.

174 Apollonios aus Rhodos, Argonautenepos, Buch 4, 50–53.

175 Theokrit, Gedichte, Idyll 3, Das Ständchen, Vers 32.

176 Euripides, Iphigenie in Tauros, Verse 1462–1466.

177 Homerischer Hymnos an Apollon, Verse 115 ff.

178 Apollodor, Mythologische Bibliothek, Buch 1, 21.

179 Platon, Theaitet, 148e–150a.

180 Dioskurides, Arzneimittellehre, Buch 1, 65.

181 Hippokratische Schriften, De mulierum affectibus, 1, 46.

182 Hipponax, Fragment 12, 1 und Hippokrates »Über Entstehung und Aufbau des menschlichen Körpers«, 22, 16.

183 Der Ausdruck ist in lateinischer Umschrift inschriftlich belegt. Siehe Nickel, Berufsvorstellungen über weibliche Medizinalpersonen, 1979, 517.

184 Relief aus Attika, Text aus: Peek, Griechische Versinschriften, 1955, Bd. I, 342, 1. Vgl. V. Gazzaniga, Phanostrate, Metrodora, Lais and the Others. Women in the Medical Profession, in: *Medicina nei secoli* 9 (1997), 277–299. Vivien Nutton, Iatromaia, in: Der Neue Pauly, Band 5 (1998), 872–873.

185 Inschriften der Griechen, 1977, 109 f.

186 Vivien Nutton, Herakleides von Tarent, in: Der Neue Pauly, Band 5 (1998), 378 f.

187 Galen, Über die Anatomie der Gebärmutter.

188 Dies überliefert Soranus in seiner »Gynaikeia«. Vgl. Nickel, Berufsvorstellungen über weibliche Medizinalpersonen 1979, 518.

189 Soranus, Gynaikeia, 1, 2, 3–6.

190 Aristophanes, Frauen in der Volksversammlung, Vers 528.

191 Hyginus, Fabel, Nr. 274.

192 Platon, Theaitet, 149d.

193 Platon, Der Staat, 461b–c und Die Gesetze, 739b–741a. Aristoteles, Politik, 1335b, 20–1336a 2.

194 Vgl. French, Birth Control 1988. Hanson, Conception, Gestation, 1992. King, Abtreibung, 1996. Kapparis, Abortion, 2002.

195 Corpus Hippocraticum »De natura pueri« 13.

196 Scarborough, Pharmacology, 1991.

197 Dioskurides, Arzneimittellehre, Buch 1, 103, 2.

198 Vgl. KRON, Frauenfeste in Demeterheiligtümern 1992. NIXON, Cults of Demeter and Kore, 1995, 75–96.

199 Dioskurides, Arzneimittellehre, Buch 1, 78.

200 Theophrast, Geschichte der Pflanzen, Buch 9, 16. Dioskurides, Arzneimittellehre, Buch 4, 79.

201 Vgl. EHRENBERG, Aristophanes und das Volk von Athen, 1968. R.E. Wycherly, The Market of Athens. Topography and Monuments, in: *Greece & Rome* 3 (1956), 2–23. Homer A. THOMPSON (Hg.), The Athenian Agora, Princeton 1972. John M. CAMP, Die Agora von Athen, Mainz 1989.

202 Aristophanes, Die Acharner, Verse 43 ff.

203 Eupolis, Fragment 304. Pherekrates Fragment 186.

204 Athenaios, Gastmahl der Philosophen, Buch 14, 640.

205 Aristophanes nach Athenaios, Gastmahl der Philosophen Buch 3, 372.

206 Nikophon, Fragment 19.

207 Athenaios, Gastmahl der Philosophen, Buch 14, 640 b–c.

208 Vgl. Sitta von REDEN, Geld, Geldwirtschaft. Griechenland, in: DER NEUE PAULY, Band 4 (1998), 873–877.

209 Dion Chrysostomos, Rede 74, 9–10.

210 Zu diesem Thema liegen nach wie vor nur wenige Untersuchungen vor. 1920 hat Helen MCCLEES, A Study of Women in Attic Inscriptions, New York 1920, eine Liste der Inschriften zur Markttätigkeit von Frauen vorgelegt. Pieter HERFST, Le travail de la femme dans la grèce ancienne (Utrecht 1922), ND New York 1979, kam zu dem Ergebnis, Frauen besäßen eine privilegierte Position auf dem Marktplatz. Vgl. auch EHRENBERG, Aristophanes und das Volk von Athen, 1968.

211 Aristophanes, Lysistrata, Verse 456–458.

212 Aristophanes, Frauen beim Thesmophorienfest, Verse 383–458.

213 Eubulos nach Athenaios, Gastmahl der Philosophen, Buch 9, 384c.

214 Aristoteles, Staat der Athener, 14, 4.

215 Athenaios, Gastmahl der Philosophen, Buch 9, 386c.

216 Pherekydes, Fragment 64. Antiphanes, bei Athenaios, Gastmahl der Philosophen, Buch 13, 612b.

217 Aristophanes, Die Frösche, Vers 114.

218 Kleine Münzeinheit in Athen. Die Kosten für den Lebensunterhalt einer Person im 4. Jh. v. Chr. wird auf etwa 3 Obolen pro Tag geschätzt.

219 Aristophanes, Die Frösche, Verse 549–578.

220 Aristophanes, Die Frösche, Verse 851–859.

221 Aristophanes, Der Reichtum, Verse 418–436. Der britische Historiker H. Michell, The Economics of Ancient Greece, New York/Cambridge 1940, 136, formulierte es so: *Buying and selling was always a battle of wits,* und spielt damit auf Lysistrata an (Vers 455–461) die ihre Mitkämpferinnen zur Aktion ruft.

222 Aristophanes, Lysistrata, Verse 560–564.

223 Aristophanes, Die Wespen, Verse 243 und 1288–1408.

224 Xenophon, Erinnerungen an Sokrates, Buch 2, 7, 6.

225 Magnes, Fragment 1.

226 Aristophanes, Die Ritter, Vers 853.

227 Aristophanes, Frauen in der Volksversammlung, Vers 841.

228 Nach Athenaios, Gastmahl der Philosophen, Buch 13, 612 a–e, soll Pherekrates dies in »Der Ofen« oder in »Die Nachtfeier« erwähnt haben.

229 Philyllios »Auga« und Philoxenos »Die Mahlzeit« nach Athenaios, Gastmahl der Philosophen, Buch 9, 408e und 409e.

230 Hikesios von Smyrna (um 100 v. Chr.) bei Athenaios, Gastmahl der Philosophen, Buch 15, 689c. Vgl. Dalby, Essen und Trinken, 1998, 227.

231 Übersetzung nach Erika Simon, Die Götter der Griechen, 4. neubearbeitete Aufl. München 1998

232 Aristophanes, Frauen in der Volksversammlung, Vers 841.

233 Aristophanes, Fragment 126.

234 Vgl. Reuthner, Wer webte Athenes Gewänder?, 2006, III.3.

235 Demosthenes, 57. Rede »Gegen Eubulides« 30–31.

236 Wasserholende Frauen, meist in Gruppen, sind auf schwarz- wie rotfigurigen Vasen dargestellt. Vgl. Manakidou, Brunnenhausszenen, 1992/93. Eine Aufstellung der Bilder auch bei Killet, Zur Ikonographie 1994, 172–187.

237 Homer, Ilias, Buch 6, 456 f.

238 Homer, Ilias, Buch 7, 20 f.

239 Götter-Hymnen, Homerischer Hymnos an Demeter, Verse 98–112 und 169–170. Vgl. Helene P. Foley (Hg.), The Homeric Hymn to Demeter. Translation, Commentary, Interpretive Essays, Princeton 1994. Lissarrague, Frauenbilder, 1993, 226, spricht sicher zu Recht davon, dass der Brunnen für Frauen ähnliche Bedeutung hatte wie die Agora für die Männer.

240 Homer, Odyssee, Buch 13, 347 f. Euripides, Elektra, Verse 107 f.

241 Homer, Odyssee, Buch 20, 53 f.

242 Aristophanes, Lysistrata, Verse 535–540. Lysistrata schickt dem voraus, dass jetzt der Krieg Sache der Frauen sei.

243 Vgl. TÖLLE-KASTENBEIN, Kallirhoe und Enneakrunos, 1986. MANAKIDOU, Athenerinnen, 1992/93. KILLET, Zur Ikonographie 1994.

244 Thukydides, Geschichte des peloponnesischen Krieges, 2, 15 erwähnt, dass aus dem Brunnen, *der nach der Gestaltung durch die Tyrannen Enneakrunos heißt und früher, da die Quellen noch offen strömten, Kallirrhoë genannt war,* nach alter Sitte vor Hochzeiten und zu anderen heiligen Verrichtungen Wasser geholt wurde. Vgl. KILLET, Zur Ikonographie, 1994, 182.

245 Herodot, Historien, Buch 6, 137.

246 Homer, Odyssee, Buch 10, Verse 103–108.

247 MANAKIDOU, Athenerinnen, 1992/93.

248 Aristophanes, Lysistrata, Verse 322–335.

249 Homer, Odyssee, Buch 6, 90–95.

250 Torquato Tasso, Der Gutsherr, in: Werke und Briefe, übersetzt und eingeleitet von Emil Staiger, München 1978.

251 Homer, Ilias, Buch 22, 147–156.

252 Vgl. BRUIT-ZAIDMANN, Töchter der Pandora, 1993. Noel ROBERTSON, Athenas Shrines and Festivals, in: Neils, Worshipping Athena 1996. 27–77. REUTHNER, Wer webte Athenas Gewänder, 2006, 288–290.

253 Vgl. Noel ROBERTSON, Athenas Shrines and Festivals, in: Neils, Worshipping Athena, 1996, 49. Und BURKERT, Homo necans, 1972, 172.

254 Kallimachos, 5. Hymnos, Verse 50–54. Zu Teresias Verse 55–81.

255 Menedotos von Samos nach Athenaios, Gastmahl der Philosophen, Buch 15, 672a–d.

256 Xenophon, Hellenika, Buch 1, 4, 12–13. Plutarch, Alkibiades, 34, 1. Lexikon des Hesychios 993: *loutrides.*

257 Vgl. FINLEY, Die antike Wirtschaft, 1993. Hans LOHMANN, Atene. Forschungen zur Siedlungs- und Wirtschaftsstruktur des klassischen Attika, Bochum 1989. ISAGER/SKYDSGAARD, Ancient Greek Agriculture, 1992.

258 Der Hackbau sei diejenige Form der Bodenbearbeitung, die *einen der idealsten organisch seit Urzeiten angepassten, ausgeprägt weiblichen Beruf darstellt,* stellte Fritz M. HEICHELHEIM, Wirtschaftsgeschichte des Altertums, Leiden 1938, 39 Anm. 11, unter Berufung auf ältere Untersuchungen wie die von Eduard HAHN, Von der Hacke zum Pflug, Leipzig 1914, fest. Ähnliches findet sich bei den Ethnologen R. THURNWALD, Werden, Wandel und Gestaltung der Wirtschaft im Lichte der Völkerforschung, Berlin 1932, oder bei FORDE, Economy and Society, 1934. Darüber sind neuere ethnologische Untersuchungen längst hinweggegangen, die differenziertere Formen der Arbeitsteilung zeigen.

259 SCHEIDEL Feldarbeit von Frauen 1990. FOXHALL, Women's Ritual and Men's Work, 1995.

260 Theophrast, Geschichte der Pflanzen, Buch 8, 2, 7.

261 Homer, Ilias, Buch 18, 541–560.

262 Ährensammlerinnen, *kalamatrides,* werden dem Lexikon des Hesychios aus dem 5./6 Jh. n. Chr. zufolge von Phrynichos, einem Zeitgenossen des Aristophanes, erwähnt. Sie sind auch im »Onomastikon« des Pollux, einem Lexikon ländlicher Begriffe aus dem 2. Jh. n. Chr., genannt. Aristophanes habe eine *Theristria,* eine Erntarbeiterin, vielleicht eine Mäherin, auftreten lassen, führt ebenfalls Pollux 7, 150 an. In den Kontext von Erntearbeiten lässt sich auch eine *ametris,* vermutlich als Mäherin aufzufassen, einordnen, die ebenfalls Pollux 1, 222, anführt.

263 Archippos soll Pollux 7, 148 zufolge in einem ansonsten unbekannten Stück *Poastrai* erwähnt haben. Zudem sind Titel zweier weiterer Stücke, die nach den *Poastriai* benannt sind, überliefert, eine Komödie des Magnes (Frg. 5. PCG 5, 630 Kassel/Austin) und Fragmente eines Stücks des Phrynichos (Frg. 39–45 PCG, 7 Kassel/Austin).

264 Griechische Anthologie, Buch 9, 89.

265 Aristophanes, Der Frieden, Verse 533 ff.

266 Aristophanes, Die Acharner, Vers 272. Übersetzung Wolfgang Schöner.

267 Eine Übersicht über ländliche Feste geben BRUMFIELD, Attic Festivals, 1981 und FOXHALL, Women's Ritual and Men's Work, 1995.

268 Homer, Ilias, Buch 18, 566–567.

269 Weinlese in der »Ilias« Buch 18, 567–568. Rede des Demosthenes 57, 45.

270 Longos, Daphnis und Chloe, Buch 2, 1–2.

271 Vgl. EBERT, Die Arbeitswelt der Antike, 1984, 34. CAROLL-SPILLECKE, Der antike Garten, 1989 und Robin G. OSBORNE, Classical Greek Gardens: Between Farm and Paradies, in: J.D. Hunt (Hg.), Garden History: Issues, Approaches, Methods, Dumbarton Oaks 1995, 373–391. Dass Gärten neben den Häusern im Stadtgebiet Athens nicht selten waren, zeigt die Beschäftigung mit deren Zugängen in Gerichtsreden. Nach der Rede des Demosthenes 43, 53 muss ein Garten durch eine Tür mit dem Haus in Verbindung stehen, an das er angrenzt. Und in der Rede 5, 11 des Isaios wird an die Stelle eines abgerissenen Nachbarhauses ein Garten angelegt. Zur Pacht eines Obstbaumgartens in Athen vgl. BURFORD, Land and Labor, 1993, 137. Wer sich in eine Fleißarbeit über antike Quellenaussagen versenken möchte, der oder dem sei Franz OLCK, Gartenbau, in: RE 13 (1910), 768–841, empfohlen.

272 Homer, Odyssee, Buch 24, 340– 343.
273 Homer, Odyssee, Buch 7 112– 131.
274 Aristophanes, Die Vögel, Verse 1062 und 1066.
275 Rühfel, Begleitet von Baum und Strauch, 2003, 100 ff., sieht einen mythischen Hintergrund und deutet die Mädchen als Nymphen.
276 Vgl. Killet, Zur Ikonographie, 1994, 115. Lissarrague, Frauenbilder, 1993.
277 Tölle-Kastenbein, 1980, schlug eben dies vor, so dass die sitzende Frau Blüten in der Hand halten könnte. Sie bietet eine ergänzte Nachzeichnung des beschädigten Reliefs in bei Tölle-Kastenbein 1980 I, 185 Abb. 13.
278 Helmut Prückner, Die lokrischen Tonreliefs, Mainz 1968, 58.
279 Christiane Sourvinou-Inwood, Persephone and Aphrodite at Lokri, in: *Journal of Hellenic Studies* 98 (1978), 101–121, hat Prückner überzeugend widersprochen und auf die lebensweltlichen Bezüge verwiesen.
280 Killet, Zur Ikonographie 1994, beschreibt zehn Vasenbilder auf schwarzfigurigen Lekythen, Halsamphoren, einer Hydria und einer Schale, die Frauen bei der Obsternte zeigen. Weitere schwarzfigurige Lekythen mit Darstellungen von Mädchen an Apfelbäumen aus dem frühen 5. Jh. wurden in Gräbern des Kerameikos gefunden, so die Ausgräberin Ursula Knigge, Der Südhügel, Kerameikos 9, Berlin 1976.
281 Bérard, Reich der Frauen 1985, 135 regte an, die Beschäftigung der Frauen als eine mit rituellen Charakter zu deuten.
282 Lissarrague, Frauenbilder 1993.
283 Vgl. Caroll-Spillecke, Der antike Garten, 1989.
284 Dioskurides, Arzneimittellehre, Buch 1, 112 und 155.
285 Vgl. Dusanka Kucan, Zur Ernährung und dem Gebrauch von Pflanzen im Heraion von Samos im 7. Jahrhundert v. Chr., in: *Jahrbuch des deutschen Archäologischen Instituts (Athen)* 110 (1995), 1–65.
286 Alkman nach Athenaios, Gastmahl der Philosophen, Buch 15, 681a. Vgl. zur Bedeutung von Kränzen Michael Blech, Studien zum Kranz bei den Griechen, Berlin 1982.
287 Theokrit, Gedichte, Idyll 3 »Das Ständchen« Vers 32.
288 Mary Clark Forbes, The Pursuit of Wild Edibles, Present and Past, in: *Expedition* 19 Nr. 1 (1976), 12–18. Zum Vorkommen von Gemüsesorten, Beeren und Nüssen vgl. auch D. Zohary/M. Hopf, Domestication of Plants in the Old World, Oxford 1988. Eine Übersicht auch bei Dalby, Essen und Trinken, 1998, 81–85 und 123–129.

Literaturverzeichnis

Antike Medizin. Ein Lexikon. Hg. v. Karl-Heinz Leven, München 2005

Elisabeth J.W. Barber, Prehistoric Textiles. The Development of Cloth in the Neolithic and Bronze Ages, Princeton 1991

Elisabeth J.W. Barber, Women's Work. The First 20 000 Years. Women, Cloth, and Society in Early Times, New York/London 1994

Claude Bérard, Das Reich der Frauen, in: Claude Bérard/Jean-Pierre Vernant u.a. (Hg.), Die Bilderwelt der Griechen. Schlüssel zu einer »fremden« Kultur, Mainz 1985, 127–154

Carl W. Blegen: Two Athenian Grave Groups of about 900 B.C., in: *Hesperia* 21 (1952), 279–294

Josine H. Blok, Recht und Ritus der Polis. Zu Bürgerstatus und Geschlechterverhältnissen im klassischen Athen, in: *Historische Zeitschrift* 278 (2004), 1–26

Adolf A. Borbein, Das alte Griechenland. Kunst und Geschichte der Hellenen, Wien 1994

Vinzenz Brinkmann/Raimund Wünsche (Hg.), Bunte Götter. Die Farbigkeit antiker Skulptur, 2. Auflage München 2004

Elfriede Brümmer, Griechische Truhenbehälter, in: *Jahrbuch des Deutschen Archäologischen Instituts (Athen)* 100 (1985), 1–168

Louise Bruit-Zaidmann, Die Töchter der Pandora. Die Frauen in den Kulten der Polis, in: Pauline Schmitt Pantel (Hg.), Geschichte der Frauen, Band 1, Frankfurt a.M./New York 1993, 375–415

Louise Bruit-Zaidmann, Ritual Eating in Ancient Greece. Parasites and Paredroi, in: J. Wilkins u.a. (Hg.), Food in Antiquity, Exeter 1995, 196–203

Louise Bruit-Zaidmann/Pauline Schmitt Pantel, Die Religion der Griechen. Kult und Mythos, übertragen von Andreas Wittenburg, München 1994

Allaire Chandor Brumfield, The Attic Festivals of Demeter and their Relations to the Agricultural Year, New York 1981

Alison Burford, Land and Labor in the Greek World, Baltimore/London 1993

Walter Burkert, Homo necans: Interpretation altgriechischer Opferriten und Mythen, Berlin/New York 1972

Maureen Caroll-Spillecke, ›Kepos‹. Der antike Garten, München 1989

Maureen Caroll-Spillecke (Hg.), Der Garten von der Antike bis zum Mittelalter, Mainz 1992

Gilian CLARK, Women in the Ancient World. Greece and Rome. New Surveys in the Classics, Oxford 1989

Susan Guettel COLE, Could Greek Women read and write? in: Helene P. Foley (Hg.): Reflections on Women in Antiquity, New York u.a. 1983, 219–245

Peter CONOLLY/Hazel DODGE, Die antike Stadt. Das Leben in Athen und Rom, Köln 1998

Andrew DALBY, Essen und Trinken im alten Griechenland. Von Homer bis zur byzantinischen Zeit, übersetzt von Kai Brodersen, Stuttgart 1998

Nancy H. DEMAND, Monuments, Midwifes and Gynecology, in: Philip J. van der Eijk/H.F.J. Horstmannshoff/P.J. Schrijvers (Hg.): Ancient Medicine in its Socio-Cultural Context, Amsterdam/Atlanta 1995, 275–290

DER NEUE PAULY. Enzyklopädie der Antike (DNP). Hubert Cancik/Helmuth Schneider (Hg.), Stuttgart/Weimar ab 1996

Maria H. DETTENHOFER (Hg.), Reine Männersache? Frauen in Männerdomänen der antiken Welt, Köln 1994

Matthew DILLON, Girls and Women in Classical Greek Religion, London/New York 2002

Joachim EBERT u.a., Die Arbeitswelt der Antike, Wien/Köln/Graz 1984

Victor EHRENBERG, Aristophanes und das Volk von Athen. Eine Soziologie der altattischen Komödie (engl. Erstausgabe 1943), Zürich/Stuttgart 1968

Gloria FERRARI, Figures of Speech: Men and Maidens in Ancient Greece, Chicago 2002

Moses I. FINLEY, Die antike Wirtschaft, 3. Aufl., München 1993

Sabine FÖLLINGER, Differenz und Gleichheit. Das Geschlechterverhältnis in der Sicht griechischer Philosophen des 4. bis 1. Jahrhunderts v. Chr., Stuttgart 1996

Sabine FÖLLINGER, Frau und Techne: Xenophons Modell einer geschlechtsspezifischen Arbeitsteilung, in: Barbara Feichtinger/Georg Wöhrle (Hg.), Gender Studies in den Altertumswissenschaften: Möglichkeiten und Grenzen, Trier 2002, 49–63

Lin FOXHALL, Women's Ritual and Men's Work in Ancient Athens, in: R. Hawley/B. Levick (Hg.), Women in Antiquity, London/New York 1995, 97–110

Lin FOXHALL/Hamish A. FORBES, Ethnoarchaelogy and Storage in the Ancient Mediterranaen, in: John Wilkins/David Harvey/Mike Dobson (Hgg.), Food in Antiquity, Exeter 1995

Valerie FRENCH, Birth Control, Childbirth and Early Childhood, in: M. Grant/R. Kitzinger (Hg.), Civilization of the Ancient Mediterranean. Greece and Rome, Bd. 3, New York 1988, 1355–1362

Adolf FURTWÄNGLER/K. REICHHOLD, Griechische Vasenmalerei, Bände 1–3, München 1904–1932

Thomas W. GALLANT, Risk and Survival in Ancient Greece. Reconstructing the Rural Domestic Economy, Cambridge 1991

Peter GARNSEY (Hg.), Food and Society in Classical Antiquity, Cambridge 1999

Dora GERZIGER, Eine Decke aus dem sechsten Grab der »sieben Brüder«, in: *Antike Kunst* 18 (1975), 51–55

Ann Ellis HANSON, The Medical Writers' Women, in: D.M. Halperin/J.J. Winkler/F.I. Zeitlin (Hgg.), Before Sexuality, Princeton 1990, 309–337

Ann Ellis HANSON, Conception, Gestation, and the Origin of Female Mature, in: *Helios* 19 (1992), 31–71

Henriette HARICH-SCHWARZBAUER, Philosophinnen, in: Thomas Späth/Beate Wagner-Hasel, Frauenwelten 2000, 162–174

Elke HARTMANN, Heirat, Hetärentum und Konkubinat im klassischen Athen, Frankfurt a.M. 2002

Elke HARTMANN, Frauen in der Antike. Weibliche Lebenswelten von Sappho bis Theodora, München 2007

Reynold A. HIGGINS, Tanagra and the Figurines, Princeton 1986

Signe ISAGER/J.E. SKYDSGAARD, Ancient Greek Agriculture, London/New York 1992

Ines JUCKER, Frauenfest in Korinth, in: *Antike Kunst* (AntK) 6 (1963), 47–61

Konstantinos KAPPARIS, Abortion in the Ancient World, London 2002

Helen KING, Abtreibung, in: DER NEUE PAULY 1 (1996), 41–44, und Geburt, in: DER NEUE PAULY 4 (1998), 335–338

Heike KILLET, Zur Ikonographie der Frau auf attischen Vasen archaischer und klassischer Zeit, Berlin 1994

Uta KRON, Frauenfeste in Demeterheiligtümern: Das Thesmophorion von Bitalemi, in: *Archäologischer Anzeiger* (1992), 611–650

Fridolf KUDLIEN, Der Beginn medizinischen Denkens bei den Griechen von Homer bis Hippokrates, Zürich/Stuttgart 1967

Stavroula LAMBROPOULOU, Women in the Pythagorean Societies, Athen 1976

Voula LAMBROPOULOU, Some Pythagorean Female Virtues, in: Richard Hawley/Barbara Levick (Hgg.), Women in Antiquity, London/New York 1995, 122–134

Ernst Langlotz / Max Hirmer, Die Kunst der Westgriechen in Sizilien und Unteritalien, München 1963
Mary R. Lefkowitz, Die Töchter des Zeus. Frauen im alten Griechenland, aus dem Amerikanischen von Holger Fließbach unter Mitarbeit von Axel Haase, München 1995
Tullia Linders, Studies in the Treasure Records of Artemis Brauronia found in Athens, Stockholm 1972
François Lissarrague, Frauenbilder. Weiblichkeitsmodelle der Antike, in: Pauline Schmitt Pantel (Hg.), Geschichte der Frauen 1993, 177–254
Nicole Loraux, The Children of Athena: Athenian Ideas about Citicenship and the Division between the Sexes, übersetzt von Caroline Levine, Princeton 1993
Thomas Mannack, Griechische Vasenmalerei, Darmstadt 2002
Eleni Manakidou, Athenerinnen in schwarzfigurigen Brunnenhausszenen, in: *Hephaistos* 11/12 (1992/93), 51–91
Christian Meier, Athen. Ein Neubeginn der Weltgeschichte, Berlin 1993
Claude Mossé, The Ancient World at Work, London 1969
Jenifer Neils, Die Frau in der Antike, Stuttgart 2012
Jenifer Neils (Hg.), Worshipping Athena: Panathenaia and Parthenon, Wisconsin 1996
Heinz Neitzel, Pandora und das Faß, in: *Hermes* 104 (1976), 387–419
Diethard Nickel, Die Berufsvorstellungen über weibliche Medizinalpersonen in der Antike, in: *Klio* 61 (1979), 515–517
Lucia Nixon, The Cults of Demeter and Kore, in: Richard Hawley / Barbara Levick (Hgg.): Women in Antiquity, London / New York 1995, 75–96
Vivien Nutton, Ancient Medicine, London / New York 2004
Dieter Ohly, Die Göttin und ihre Basis, in: *Athenische Mitteilungen* 68 (1953), 25–50
Kostas Papaioannou / Jean Bousquet, Die griechische Kunst, neu bearbeitet und erweitert von Jean Ducat und Gilles Touchais, mit einem Vorwort von Pierre Vidal-Naquet (franz. Original 1972), Freiburg i. Br. 1998
Holt Parker, Women Physicians in Greece, Rome and Byzantine Empire, in: Lilian R. Furst (Hg.), Women Physicians and Healers: Climbing a Long Hill, Lexington 1997, 131–150
Paulys Realencyclopädie der classischen Altertumswissenschaft (RE). Neue Bearbeitung v. G. Wissowa / W. Kroll / K. Mittelhaus, zuletzt hg. v. K. Ziegler, Stuttgart 1893–1980
John Griffiths Pedley, Griechische Kunst und Archäologie, Köln 1999

Anastasia Pekridou-Gorecki, Mode im antiken Griechenland. Textile Fertigung und Kleidung, München 1989
Helmut Prückner, Die lokrischen Tonreliefs. Beitrag zur Kulturgeschichte von Lokroi Epizephyrioi, Mainz 1968
Ellen D. Reeder (Hg.), Pandora. Women in Classical Greece, Princton NJ 1995
Carola Reinsberg, Frauenrepräsentation im klassischen Athen, in: Christiane Eifert u.a. (Hg.): Was sind Frauen? Was sind Männer? Geschlechterkonstruktionen im historischen Wandel, Frankfurt a.M. 1996, 12–50
Rosa Reuthner, Wer webte Athenes Gewänder? Die Arbeit von Frauen im antiken Griechenland, Frankfurt a M. 2006
Rosa Reuthner, Die Büchse der Pandora. Misogynie und Hungerdiskurs in der frühgriechischen Dichtung, in: *Historische Anthropologie* (2008) 1, 118–137
Rosa Reuthner, Philosophia und Oikonomia als weibliche Disziplinen in Traktaten und Lehrbriefen neupythagoreischer Philosophinnen, in: *Historia* 58 / 4 (2009), 416–437
Gisela Richter, Handbuch der griechischen Kunst, Köln / Berlin 1966
John M. Riddle, Contraception and Abortion from the Ancient World to the Renaissance, Cambridge-Mass. 1992.
Sophie Royer, Catherine Salles / François Trassard, Leben im alten Griechenland, Darmstadt 2005
Hilde Rühfel, Begleitet von Baum und Strauch. Griechische Vasenbilder, Dettelbach 2003
John Scarborough, The Pharmacology of Sacred Plants, Herbs and Roots, in: Christopher A. Faraone / D. Obbink (Hgg.), Magika Hiera: Ancient Greek Magic and Religion, New York 1991, 138–174
Walter Scheidel, Feldarbeit von Frauen in der antiken Landwirtschaft, in: *Gymnasium* 97 (1990), 405–431.
Pauline Schmitt Pantel (Hg.), Antike. Band 1 der Reihe: »Geschichte der Frauen«, Frankfurt a.M. / New York 1993
Christine Schnurr–Redford, Frauen im klassischen Athen. Sozialer Raum und reale Bewegungsfreiheit, Berlin 1996
Richard Sennett, Handwerk, Berlin 2008
Henry E. Sigerist, Der Arzt in der griechischen Kultur, Esslingen 1970
Erika Simon, Die Götter der Griechen, 4., erweiterte Aufl. Darmstadt 1998
Giulia Sissa, Platon, Aristoteles und der Geschlechtsunterschied, in: Pauline Schmitt Pantel (Hg.), Band 1 »Geschichte der Frauen« 1993, 67–104

Evelyn L. SMITHSON, The Tomb of a Rich Athenian Lady, in: *Hesperia* 37 (1968), 77–116, Abb. 23
Christiane SOURVINOU-INWOOD, »Reading« Greek Culture, Texts and Images, Rituals and Myths, Oxford 1991
Peter SPAHN, Die Anfänge der antiken Ökonomik, in: *Chiron* 14 (1984) 301–323
Thomas SPÄTH/Beate WAGNER-HASEL (Hg.), Frauenwelten in der Antike. Geschlechterordnung und weibliche Lebenspraxis, Stuttgart 2000
Brian A. SPARKES, The Greek Kitchen, in: *Journal of Hellenic Studies* 82 (1962), 121–137
Edith SPECHT, Schön zu sein und gut zu sein. Mädchenbildung und Frauensozialisation im antiken Griechenland, Wien 1989
Edith SPECHT (Hg.), Nachrichten aus der Zeit. Ein Streifzug durch die Frauengeschichte des Altertums, Wien 1992
Edith SPECHT (Hg.), Frauenreichtum. Die Frau als Wirtschaftsfaktor im Altertum, Wien 1994
Renate TÖLLE-KASTENBEIN, Frühklassische Peplosfiguren. Originale, Text- und Tafelband, Mainz 1980
Renate TÖLLE-KASTENBEIN, Kallirhoe und Enneakrunos, in: *Jahrbuch des deutschen archäologischen Instituts* 101 (1986), 55–73
Jean-Pierre VERNANT, Arbeit und Natur in der griechischen Antike, in: Klaus Eder (Hg.), Seminar: Die Entstehung von Klassengesellschaften, Frankfurt a.M. 1973
Jean-Pierre VERNANT, Der maskierte Dionysos: Stadtplanung und Geschlechterrollen in der griechischen Antike, Berlin 1996
Klaus VIERNEISEL/Bert KAESER (Hg.): Kunst der Schale – Kultur des Trinkens, München 1990
Beate WAGNER-HASEL, Die Macht der Penelope. Zur Politik des Gewebes im homerischen Epos, in: Richard Faber/Susanne Lanwerd (Hg.), Kybele – Prophetin – Hexe: religiöse Frauenbilder und Weiblichkeitskonzeptionen, Würzburg 1997, 127–146
Beate WAGNER-HASEL, Der Stoff der Gaben. Kultur und Politik des Schenkens und Tauschens im archaischen Griechenland, Frankfurt a.M. 2000
Beate WAGNER-HASEL, Arbeit und Kommunikation, in: Thomas Späth/Beate Wagner-Hasel, Frauenwelten 2000, 311–335
Mary E. WAITHE, A History of Women Philosophers, Bd. I, Ancient Women Philosophers 600 B.C. – 500 A.D., Dodrecht/Boston/Lancester 1987

Katharina WALDNER, Kulträume von Frauen in Athen: Das Beispiel der Artemis Brauronia, in: Thomas Späth / Beate Wagner-Hasel, Frauenwelten 2000, 53–81

Gladys Davidson WEINBERG / Saul S. WEINBERG, Arachne of Lydia at Corinth, in: The Aegean and the Near East. Studies Presented to and Hetty Goldman, New York 1956, 262–267

Gisela WICKERT-MICKNAT, Die Frau. Reihe *Archaeologia Homerica,* Band 3, Göttingen 1982

Henry WOODHEAD (Hg): Die Macht des Geistes (Spektrum der Weltgeschichte), Amsterdam 1988, 95

Renate ZOEPFFEL, Aufgaben, Rollen und Räume von Mann und Frau im archaischen und klassischen Griechenland, in: Jochen Martin / Renate Zoepffel (Hg.), Aufgaben, Rollen und Räume von Frau und Mann, 2 Bände, Freiburg / München 1989, Bd. II, 443–500.

ÜBERSETZUNGEN ANTIKER LITERATUR, INSCHRIFTEN- UND FRAGMENTSAMMLUNGEN

ANTHOLOGIA GRAECA (ANTHG), griechisch / deutsch, hg. v. Hermann Beckby, München 1957

APOLLODOR, Götter und Helden der Griechen (»Mythologische Bibliothek«), griechisch / deutsch, übersetzt von Kai Brodersen, Darmstadt 2004

APOLLONIOS AUS RHODOS, »Das Argonautenepos«, übersetzt von Reinhold Glei und Stephanie Natzel-Glei, 2 Bände, Darmstadt 1996

ARISTOPHANES, Sämtliche Komödien, übertragen von Ludwig Seeger, Übertragung von Fragmenten der Alten und Mittleren Komödie von Otto Weinreich, Zürich / Stuttgart 1968

ARISTOTELES, »Politik«, übersetzt und kommentiert von Olof Gigon, Zürich / München 1998

ARISTOTELES, *Athenaion Politeia.* »Der Staat der Athener«, übersetzt von Martin Dreher, Stuttgart 1993

ATHENAIOS, »Gastmahl der Philosophen«, deutsch, 5 Bände, eingeleitet und übersetzt von Claus Friedrich, kommentiert von Thomas Nothers, Stuttgart 1998–2001

DEMOSTHENES, The Speeches of Demosthenes, 7 Bände, griechisch / englisch, herausgegeben und übersetzt von J.H. Vince und A.T. Murray, Cambridge-Mass. / London 1962–1971

Dion Chrysostomos, Sämtliche Reden, eingeleitet und übersetzt von W. Elliger, Zürich/Stuttgart 1967

Dioskurides Pedanius, Fünf Bücher über die Heilkunde (»Arzneimittellehre«), aus dem Griechischen übersetzt von Max Aufmesser, Hildesheim u.a. 2002

John Maxwell Edmonds (Hg.), The Fragments of Attic Comedy, 3 Bd., after Meinecke, Bergk and Kock, Leiden 1957–1961

Euripides, »Die Bakchen«, in: Tragödien in sieben Bänden, Band 6, griechisch/deutsch, übersetzt von Dietrich Ebener, 2. Aufl. Berlin 1980

Frühgriechische Lyrik, 3 Bände, Bd. I: Die Frühen Elegiker, dt. von Zoltan Franyó und Peter Gan, Bd. II: Die Jambographen, Bd. III: Sappho, Alkaios, Anakreon, deutsch von Zoltan Franyó. Griechischer Text besorgt von Bruno Snell, Berlin 1972–1981

Galen, Über die Anatomie der Gebärmutter, herausgegeben und übersetzt von Dieter Nickel, Berlin 1971

Griechische Anthologie = Griechische Lyrik, aus dem Griechischen übertragen von Dietrich Ebener, Weimar 1976

Herodot, »Historien«, übersetzt von A. Horneffer, neu hg. v. W. Haussig, Stuttgart 1971

Herondas, Die Mimiamben, griechisch/deutsch, übersetzt von Rudolf Herzog, Hildesheim 1967

Hesiod, »Theogonie« und »Werke und Tage«, griechisch und deutsch, herausgegeben und übersetzt von A. Schirnding, München 1991.

Hesychios: Hesychii Alexandrini Lexicon, post Ioannem Albertum, 5 Bände, Amsterdam 1965 (Reprint der Ausgabe Halle 1862)

Hippokrates/Hippocrates, 8 Bände, with an english Translation by W.H.S. Jones, G.P. Goold, Paul Potter, Wesley D. Smith. E.T. Withington, Cambridge-Mass./London 1973–1995

Hippokratische Schriften in Auswahl, in: Frauenmedizin in der Antike, hg. v. von Charlotte Schubert/Ulrich Huttner (griechisch/lateinisch/deutsch), Düsseldorf/Zürich 1999

Homer, »Ilias«, deutsch von Wolfgang Schadewaldt, Frankfurt a.M. 1975

Homer, »Odyssee«, deutsch von Wolfgang Schadewaldt, 30. Aufl. Hamburg 2001

Homerische Götter–Hymnen, verdeutscht von Tassilo von Scheffer, Leipzig o.J.

Homerische Hymnen, griechisch/deutsch, hg. v. Anton Weiher, München/Zürich 1986

KALLIMACHOS, Die Dichtungen, griechisch/deutsch, übertragen, von Ernst Howald und Emil Staiger, Zürich 1955

LONGOS, »Daphnis und Chloe«, deutsch von Otto Schönberger, Stuttgart 1988

INSCHRIFTEN DER GRIECHEN, Epigraphische Quellen zur Geschichte der Medizin, herausgegeben und eingeleitet von Gerhard Pfohl, Darmstadt 1977

ISAIOS, Reden, griechisch/englisch, herausgegeben und übersetzt von Edward S. Forster, London/Cambridge 1962

G.S. KIRK/J.E. RAVEN/M. SCHOFIELD (Hg.) Die vorsokratischen Philosophen. Einführung, Texte und Kommentare, Stuttgart/Weimar 2001

OIKONOMIKA. Quellen zur Wirtschaftstheorie der Antike, eingeleitet, herausgegeben und übersetzt von Gert Audring und Kai Brodersen, Darmstadt 2008

OVID, »Metamorphosen«, aus dem Lateinischen von Erich Rösch. Mit einer Einführung von Niklas Holzberg, München 1997

PAUSANIAS, »Beschreibung Griechenlands«, übersetzt von Ernst Meyer, Zürich 1954

Werner PEEK, Griechische Versinschriften, Band 1, Berlin 1955

Werner PEEK, Griechische Grabgedichte, griechisch/deutsch, Berlin 1960

PLATON, *Politeia.* »Der Staat«, in: Sämtliche Werke, Band 5, griechisch/deutsch, nach der Übersetzung Friedrich Schleiermachers, ergänzt durch Franz Susemihl u.a., Frankfurt a.M./Leipzig 1991

PLATON, *Nomoi.* »Die Gesetze«, in: Sämtliche Werke Band 9, Frankfurt a.M./Leipzig 1991

PLATON, »Theaitet«, in: Sämtliche Werke Band 6, Frankfurt a.M./Leipzig 1991

PLUTARCH, »Alkibiades« in: Von großen Griechen und Römern. Doppelbiographien, übersetzt von Konrat Ziegler und Walter Wuhrmann, mit einer Einleitung und Erläuterungen von Konrat Ziegler, München 1991

PLUTARCH, »Moralia«, verdeutscht und herausgegeben von Wilhelm Ax, mit einer Einführung von Max Pohlenz, Leipzig 1942

POETAE COMICI GRAECAE (PCG), hg. v. von R. Kassel/C. Austin, Berlin 1983–1991

POLLUX, Onomasticon, 9 Bände, ND Stuttgart 1967

SAPPHO, Gedichte, griechisch/deutsch, herausgegeben von Andreas Bagordo, München u.a. 2011

SOPHOKLES, Die Dramen, griechisch/deutsch, herausgegeben und übersetzt von Wilhelm Willige, überarbeitet von Karl Bayer. Mit Anmerkungen und einem Nachwort von Bernhard Zimmermann, Zürich 1995

SUIDAE LEXIKON, ed. A. Adler, 5 Bände, Leipzig 1928–1938 (ND Stuttgart 1967–1971)

THEOKRIT, Gedichte, griechisch/deutsch, herausgegeben und übersetzt von Bernd Effe, Düsseldorf/Zürich 1999

THEOPHRAST, »Charaktere«, griechisch/deutsch, übersetzt und herausgegeben von Dietrich Klose, mit einem Nachwort von Peter Steinmetz, Stuttgart 1981

THEOPHRAST, »Geschichte der Pflanzen« oder Naturgeschichte der Gewächse, 2 Bände, Darmstadt 1971

THUKYDIDES, »Geschichte des peloponnesischen Krieges«, übersetzt von Georg Peter Landmann, Zürich/München 1976

XENOPHON, »Hellenika«, griechisch/deutsch, herausgegeben und übersetzt von Gisela Strasburger, 3., verbesserte Aufl. Düsseldorf/Zürich 2000

XENOPHON, »Erinnerungen an Sokrates«, übersetzt von Rudolf Preiswerk, Nachwort von Walter Burkert, Stuttgart 1992

XENOPHON »Oikonomikos« in: Ökonomische Schriften, griechisch und deutsch, übersetzt und mit einer Einführung und Erläuterungen versehen von Gert Audring, Berlin 1992

Abbildungsverzeichnis

Personen- und Sachregister

Ortsregister

böhlau

BARBRO SANTILLO FRIZELL

ARKADIEN

MYTHOS UND WIRKLICHKEIT

AUS DEM SCHWEDISCHEN ÜBERSETZT
VON YLVA ERIKSSON-KUCHENBUCH

Arkadien, ursprünglich ein raues Hochland auf der griechischen Halbinsel Peloponnes, erscheint bereits seit hellenischer Zeit mythisch verklärt als Ort ländlicher Idylle. In Vergessenheit geraten sind jedoch Alltag und Wirklichkeit der ursprünglichen pastoralen Lebenswelt.
Dieses Buch lädt den Leser auf eine ebenso lehrreiche wie faszinierende Reise durch Raum und Zeit ein. Von der Antike bis in die heutige Zeit geht die Autorin den Ursprüngen pastoralen Lebens im mediterranen Raum nach. Sie betrachtet Landschaften, Tierhaltung, landwirtschaftliche Produktionsweisen, Handelswege und Märkte, aber auch deren Auswirkungen auf das gesellschaftliche und kulturelle Leben der Menschen.

2009. 188 S. 55 S/W- UND 28 FARB. ABB. AUF 24 TAF. GB. MIT SU. 155 X 230 MM.
ISBN 978-3-412-20307-8